maravillado por la gracia

ES MÁS QUE
INCREÍBLE.

POR FRANK FRIEDMANN
JUNTO CON JOSHUA GORDON

BATON ROUGE, LA, USA
frank@ourresolutehope.com | josh@lazarusmediaproductions.com

BATON ROUGE, Luisiana., EE. UU.

Impreso en los Estados Unidos de América
Primera edición: 2020
ISBN 978-1-954869-00-4
Lazarus Media Productions
www.LazarusMediaProductions.com

"Si por la transgresión de
uno solo reinó la muerte,
mucho más reinarán en
vida por uno solo,
Jesucristo, los que reciben
la abundancia de la gracia
y del don de la justicia."

Romanos 5:17

- OPINIONES -

"De manera sincera y aterrizada, Frank Friedmann comparte el evangelio práctico de la gracia de Dios en Jesucristo. A través de las pruebas del ministerio pastoral y sus décadas de predicar y enseñar en diferentes lugares, Frank comprendió la inutilidad de la religión común y la maravillosa realidad de la dinámica de la gracia de Dios. Espera que muchos otros cristianos puedan ser "maravillados por la gracia" mientras el Espíritu de Dios les habla a sus corazones a través de éste, su más reciente libro."

– Jim Fowler
Fundador y presidente de *Christ in You Ministries*

"Frank ha escrito un libro claro y bíblico sobre la Persona de la gracia: Jesucristo. No se me ocurre ningún mensaje más necesario para los que están trabajados y cargados ni un mejor escritor que Frank Friedmann para ayudarles a las personas a descubrir la libertad que tienen en Cristo."

– Zach Maldonado
Autor de *Perfect and Forgiven* y de *The Cross Worked*
Conferencista y pastor de la iglesia *Church Without Religion*

"Cualquiera que conozca a Frank sabe que es amable y que disfruta hablar de Jesús. Nunca intenta forzar el evangelio; simplemente habla del Dios que ha transformado su vida con la esperanza de que otros experimenten la misma transformación. Este libro es una conversación con Frank mientras guía al lector por las buenas nuevas de Jesús. Es un libro claro y conciso en la interpretación que presenta de las Escrituras y, al igual que su autor, es muy accesible. Lee este libro para recordar cuánto te ama Dios o para conocer su amor por primera vez."

– Andrew Nelson
Autor de *Fight for Grace* y de *Children of the King*

"He tenido el gran privilegio de ser bendecido por las enseñanzas del pastor Frank durante los últimos 20 años o más. Las verdades expuestas en este libro han transformado mi vida y mi ministerio y estoy muy contento de que se encuentren publicadas. Oro para que nuestro Abba te traiga revelación y te libere mientras lees las verdades que se encuentran en estas páginas."

– Tim J. Ekno
Misionero y pastor

"Los escritos de Frank Friedmann son como una intensa lluvia de verano que nos renueva y nos empapa del amor del Padre. *Maravillado por la Gracia* presenta la libertad máxima: la de ser libres de nosotros mismos. Las palabras de Frank deleitaron mi corazón y mi mente al recordarme quién es la fuente de todo gozo, paz, vida y descanso."

– Tracy Levinson
Autora del libro éxito en ventas *Unashamed - Candid Conversations about Dating, Love, Nakedness, & Faith*

"Relevante y revolucionario. En *Maravillado por la Gracia*, Frank Friedmann nos brinda una imagen maravillosa de lo que le sucedió a la raza humana y de cómo el plan de redención de Dios lo puso todo en orden de forma milagrosa. *Maravillado por la Gracia* es una presentación exhaustiva, pero a la vez sencilla, de cuán desesperadamente necesitamos de la gracia de Dios para que restaure nuestra relación con Él y experimentar una vida plena en Él todos los días. En particular, me encanta la descripción de Frank de la carne como una "pila": pilas débiles y pilas potentes. ¡Usaré este libro en mi ministerio con mis clientes!"

– Yolanda Cohen Stith
Consejera y directora ejecutiva de *New Heart Living*
Autora de *Valley Life*

"Cuando leí el manuscrito, las primeras palabras que se me vinieron de forma espontánea fueron "sencillo pero profundo". Está escrito con la sencillez de alguien que sabe de lo que está hablando, de alguien que ha superado la confusión y que ahora puede transmitirlo de una forma accesible para todos. Si se le diera este libro a un adolescente, no solo entendería su mensaje, sino que se sentiría además atraído por sus verdades. Pero al decir que es accesible, no pienses que es superficial; es profundo. Comencé mi búsqueda para comprender la gracia cuando era adolescente y ahora tengo 81 años. Sin embargo, al leer estas páginas, me encontré con perspectivas que me emocionaron y con verdades que produjeron lágrimas de alegría y gratitud en mi corazón. Los capítulos sobre la imposibilidad de que la ley y la gracia existan juntas son invaluables y determinantes. Si alguien se encuentra en medio de una niebla de confusión con respecto al mensaje de la gracia, este libro despejará la niebla y establecerá un camino más que claro para experimentar plenamente esta gloriosa vida de descanso. Si has estado en el camino durante casi 70 años, abróchate el cinturón porque encontrarás verdades aquí que convertirán este mensaje en algo fresco y tangible para tu vida actual. Gracias, Frank, por darle este regalo al mundo."

– Malcolm Smith
Maestro y escritor
Unconditional Love Ministries

"Con gran perspicacia, Frank Friedmann nos explica cómo experimentar la vida cristiana que siempre hemos querido. Valiéndose de explicaciones bíblicas claras, de ejemplos de la vida real y de su propio recorrido personal, nos anima a entrar a una vida de gracia que no solo consiste en información, sino más importante, en una transformación. Recomiendo este libro en gran manera. Si lo lees, ¡podría cambiar tu vida!."

– Mark Maulding
Autor del libro éxito en ventas *God's Best-Kept Secret* y fundador de *Grace Life International*

"El libro de Frank es claro, atractivo y práctico. Leerlo te será de provecho. Con un estilo sencillo y lleno de gracia, Frank hace que la maravillosa gracia de Romanos 5 sea accesible y cobre significado. Romanos es el eje de toda la Biblia, y Frank lo convierte en el eje de tu vida también. Muchos cristianos solo conocen la mitad de su salvación; Frank presenta la otra mitad, la mitad que transformará tu vida. Otros hablan de nuestra vida en Cristo; Frank nos la muestra para que nos apropiemos de ella."

– Pres Gillham
Escritor y presidente de *Lifetime Guarantee Ministries*

"Prácticamente todas las líneas de *Maravillado por la Gracia* son verdades que pueden citarse. Es contundente, pero, a la vez, está inundado de gracia. Es tanto un comentario sobre las Escrituras como un manual de instrucciones de cómo Dios diseñó la vida. Si te encuentras luchando o si te falta gozo, paz, vida abundante, descanso y libertad, este libro es para ti."

– Scott Brittin
Presidente de *Grace Ministries International*

"Frank tiene una habilidad poco común y especial, ya

que ministra vida cuando enseña. Al leer este libro, sentí que mi alma soltaba el estrés y que este era reemplazado por paz y descanso. En este libro, escucharás al Espíritu Santo afirmando quién eres y la libertad, el poder y el descanso que trae nuestra unión con Jesús."

– Ross Gilbert
Pastor de *New Life Fellowship*

"En este libro, Frank Friedmann ha puesto la sabiduría y la experiencia que vertió en mi vida y en mi ministerio. Ha vivido maravillado por la gracia y está siendo utilizado para despertar a otros de forma que puedan ver cuán maravillosa es esa gracia. ¡Al igual que yo, estas verdades te transformarán!"

– Mike Q Daniel
Director ministerial y autor de *Leap of Grace*
Mike Q. Daniel Ministries

"¿Estás hambriento por comprender la gracia de una forma nueva y fresca? He visto a Frank Friedmann luchar bajo la esclavitud de la ley y pasar a una vida "maravillado por la gracia". He observado cómo ha profundizado en la gracia personificada y en sus verdades hasta llenarse por completo.

Profundiza tú también en estas páginas en busca de libertad o de aliento para compartir con un amigo."

– Phil Mason
Safe Place Ministries, Inc.

"Este libro de fácil comprensión explica la condición desesperada de la humanidad sin el remedio de Dios. Cristo Jesús no solo nos salva de nuestros pecados, nos ofrece una vida nueva como nuevas criaturas y con una nueva ley: la ley del amor. Mientras más entendemos cuánto ha hecho nuestro Salvador por nosotros, más le amamos a Él, a nuestros hermanos y hermanas en Cristo y a todas las personas de este mundo (a quienes Jesús ama)."

– Terri Russin
"Child of God (former daughter of Adam)"

"¡Cielos! A través de esta clara y poderosa obra maestra, un gran pastor y experto en la Biblia nos invita a reflexionar. Si te interesa crecer en Cristo, ¡consigue este libro!"

– Ralph Harris
Autor de *God's Astounding Opinion of You* y *Life According to Perfect*
Presidente de *Ralph Harris Ministries*

"Mi querido amigo y mentor, Frank Friedmann, una vez me dijo: "No leas buenos libros. La vida es demasiado corta. Solo lee libros geniales". Bueno, *Maravillado por la Gracia* es exactamente eso. Si quieres saber cuán bueno es Dios, cuánto te ama y cuán liberador es realmente el evangelio, esta es una lectura obligada. Frank plasma su vulnerabilidad y su fe en las hojas de papel mientras ilumina la gloriosa realidad de lo que ha hecho la obra terminada de Jesús. Siéntate, relájate y sumérgete en lo que estás a punto de leer... ¡Estarás agradecido de por vida!"

– Tim Chalas
Pastor principal, *Grace Life Fellowship*

"Frank Friedmann, en su libro de lectura obligada *Maravillado por la Gracia*, no solo comparte verdades liberadoras que no se escuchan a menudo en muchas iglesias hoy en día, sino que además le presenta al lector al Jesús real y auténtico, tal y como lo revelan las Escrituras."

– Dave Lesniak
Director de *Flash Army Christian Radio*

"Frank es un amado defensor de vivir desde nuestra

identidad. Pero expresa, como pocos, el hecho de que la gracia es una persona, no una teología, una técnica o un sistema. Enseña, de manera elocuente, que Jesús y su amor sacrificial es la fuente, la base, el comienzo y la culminación de la gracia. Este autor de confianza le da a la gracia el propósito y la importancia que se merece."

– John Lynch
Autor de *On My Worst Day*, co-autor de *The Cure*
Presidente de *John Lynch Speaks*

"Frank Friedmann es uno de los grandes regalos de Dios para el Cuerpo de Cristo. En *Maravillado por la Gracia*, su vasto conocimiento de la Escritura, su gran sentido del humor y décadas de experiencia como pastor se combinan para mostrarnos cómo la asombrosa gracia de Dios nos restaura a la fuente de vida y por qué es tan importante esto en nuestro día a día. Si estás cansado de los libros cristianos habituales y estás buscando un amigo que te guíe hacia las virtudes de una relación con tu Padre celestial, ¡has encontrado el libro correcto!"

– Jeremy White
Pastor y autor de *The Gospel Uncut: Learning to Rest in the Grace of God*

"Hasta que llegue el día en que te encuentres cara a cara con la gracia asombrosa en persona, *Maravillado por la Gracia*, de Frank Friedmann, será un buen recordatorio de quién es la persona más importante en nuestras vidas como cristianos.

Con un enfoque constante en aquel que es maravilloso, en el único que nos provee para todo lo relacionado con la vida piadosa, *Maravillado por la Gracia* es una invitación abierta a permanecer en y abandonarte al único que es justo. ¡Te animo a leer este libro y a sumergirte en su verdad liberadora!"

– Steve Pettit
Director de *One in Christ Ministries*

Este libro está dedicado a:

Phil y Mary Mason

No solo hablan de amor,
también aman, ¡con poder!

Beaver Furley

Aunque intenté que me rechazara,
nunca dejó de aceptarme.

- AGRADECIMIENTOS -

Nunca nadie escribe un libro solo. Durante su tiempo en la tierra, hay muchas personas que se han vertido a la vida del autor. Es solo gracias a estas personas que el autor, a su vez, puede plasmar las palabras que conforman su libro. Esto es completamente cierto en mi propia vida y en este libro que Dios, en su gracia, me ha permitido escribir. Es imposible para mí agradecer a todas esas personas que han impactado mi vida. Al mencionar a algunos, corro el riesgo de olvidar a otros que igualmente merecen ser mencionados aquí.

Por favor, perdónenme por ese descuido. No lo tomen a mal si omito a alguien. Los elegidos a continuación son quienes tuvieron el mayor impacto en mi corazón y permanecen en mi mente como aquellos que me entregaron, para yo poder entregar ahora. Gracias a todos. Estoy eternamente agradecido con ustedes por su amor y cuidado, especialmente en aquellos momentos en los que se los hice difícil. ¡Los amo!

Agradecimientos especiales para:

Josh Gordon:
Tienes pasión por Jesús y pasión por lograr que la gente entienda todo lo que Jesús hizo y anhela hacer en nuestras vidas. Tu ayuda para escribir este libro fue invaluable.

John Russin:
Has sido mi «Jonatán» durante muchos años. Peleaste muchas batallas conmigo y continúas trabajando duro por mí para comunicar el mensaje de que Jesús es todo lo que tenemos.

Tim Chalas:
Pablo tuvo a su Timoteo y yo tengo el mío. Has sido mi fiel amigo de confianza, mi compañero en el ejército de Cristo.

Karl Kakadelis:
¡Fuiste el instrumento que el Espíritu Santo utilizó para enseñarme lo que significa estar en Cristo!

Andrew Farley:
Mi amigo que lucha por la verdad que libera a los hombres. Es un héroe moderno de la fe.

Mis compañeros de siempre:

Scott Brittin, Ross Gilbert, Pres Gillham, Jim Fowler, Steve Pettit y Malcolm Smith. Son fieles en ayudarme a hallar respuestas a mis tantas preguntas.

Mis fieles amigos y contribuyentes que me han apoyado más allá de lo que podría haberme imaginado. Ustedes saben quiénes son. Doy gracias a Dios por ustedes, y esta obra es la evidencia de su fiel apoyo.

Jenne Acevedo:
Tus habilidades de edición fueron cruciales para este libro. Me ayudaste a escribir de forma clara y concisa.

El equipo de Lazarus Media:
Por su arduo trabajo tras las escenas para hacer que el glorioso mensaje del amor y la gracia de Dios en Cristo sea visible para todos.

Los creyentes de la iglesia Berean Community Church:
Caminaron conmigo en mi travesía hacia la gracia de Dios.
Los ancianos y creyentes de la iglesia Grace Life Fellowship:
Fueron el «laboratorio» donde la gracia de Dios fue probada y donde demostró ser verdadera.

Mis hijos:
Les-Leigh, Benjamin, Morgan y Avery. En este mundo que a

veces puede ser muy oscuro, ustedes han sido una luz para mí. Gracias por extenderme gracia a pesar de mis errores.

Janet Friedmann: Gracias por amarme. Tú vives el mensaje que enseño. Me da mucho orgullo llamarte mi esposa.

– Frank Friedmann

Pastor Frank

- PRESENTACIÓN DE JOSHUA GORDON -

No me han conocido aún, pero mi nombre es Josh y le ayudé a Frank a escribir *Maravillado por la Gracia.*

Estoy casado con Sarah, la mujer más extraordinaria que he conocido, y juntos tenemos cinco hijos... Nota al margen: ¡ser padre hace que escribir un libro parezca fácil! Soy orgullosamente canadiense, suelo compartir demasiado y dirijo Lazarus Media Productions, el equipo que encabezó el desarrollo de *Maravillado por la Gracia.*

La amplia experiencia de Frank en el ministerio sirve como marco sólido para este libro. Yo le agregué una perspectiva de escritor a esta obra. Juntos, hemos producido *Maravillado por la Gracia.* Estoy increíblemente orgulloso. Aunque la experiencia de escribir juntos ha sido una de las más satisfactorias de mi vida profesional, la amistad que se ha formado entre Frank y yo opaca de lejos cualquier logro profesional. Él ha sido un mentor, un alentador y un hermano mayor increíblemente amable y generoso.

Frank, cuando tú y yo nos conocimos, no podría ni imaginarme el cambio de vida radical que experimentaría. Me presentaste a un Jesús que me sacudió hasta la médula. Él es tan gentil, tan indomable, tan amable, tan incontrolable, tan profundamente amoroso, tan interesado y tan incómodamente real.

Me has impactado, Frank, y nunca podré agradecerte lo suficiente.

Con afecto,

– Joshua Gordon

Contenido

- PRÓLOGO -

Nuestro mundo está repleto de caos y dolor. En estos tiempos de inseguridad, muchos estamos llenos de miedo y confusión. Como creyentes, podemos ofrecer respuestas firmes para brindar consuelo y esperanza, pero la realidad es que algunos aún no estamos equipados con esas respuestas, pues seguimos luchando con algunas de estas preguntas:

¿Qué piensa Dios sobre mí en este momento?
¿Qué piensa sobre el curso que está tomando mi vida?

El mensaje de Frank Friedmann en *Maravillado por la Gracia* nos ayuda a obtener respuestas reales a estas preguntas urgentes. Y no hay nadie mejor que él para abordar nuestra incertidumbre, ya que Frank Friedmann lo ha visto todo: corazones lastimados, hogares lastimados y personas que desean saber más sobre Jesús. Frank es un excelente comunicador que ministra con humildad y compasión. Su mensaje es auténtico, poderoso y absolutamente necesario en estos tiempos.

Si alguna vez te has preguntado cómo te ve Dios realmente, este libro es para ti. Aquí encontrarás una paz real y duradera que te ayudará a dejar de ser tan cuidadoso con lo que haces o dices al tratar de hacer más y de ser suficiente. Descubrirás la sonrisa y el cálido abrazo del Padre, y te convencerás de que le agradas y de que está a tu favor.

Las verdades muy poco comunes que contienen estas páginas son como piedras preciosas. *Maravillado por la Gracia* ofrece el consuelo y el descanso que has estado buscando. Luego de leerlo, tendrás una confianza silenciosa que nunca creíste posible.

– Andrew Farley

Autor de los libros éxito en ventas *The Naked Gospel* y *Twisted Scripture*

Pastor principal de *Church Without Religion* y conductor del programa radial *Andrew Farley* LIVE

AndrewFarley.org

- INTRODUCCIÓN -

Los Peligros De Una Mala Comunicación

Morris, de ochenta y cinco años, fue a su médico para hacerse un chequeo. Se encontraron por casualidad unas semanas después. Morris estaba saliendo de un restaurante de la mano de una hermosa joven. El médico le preguntó qué estaba haciendo. Con una gran sonrisa en su rostro, Morris le respondió: "¡Solo estoy haciendo lo que me dijo, doctor! ¡Tengo una dama de compañía!"

El doctor levantó sus manos al aire y comenzó a negar con la cabeza. "¡Eso *no* fue lo que dije! ¡Le dije que tiene una *grave cardiopatía!*"

La Mala Comunicación: Un Problema Común Del Ser Humano

Los problemas de comunicación pueden ser graciosos,

como el anterior, o dañinos e incluso mortales. Mi abuelo, que trabajaba como electricista, alguna vez tuvo que reparar una línea eléctrica de alto voltaje. Justo cuando estaba a punto de cortar la línea, tuvo un mal presentimiento y decidió verificar si su compañero había apagado el interruptor correcto. Al abrir la caja de interruptores, su corazón casi se le sale del pecho. El otro empleado había hecho saltar por error el interruptor *equivocado*. Si no lo hubiera revisado, esa mala comunicación podría haberle costado la vida.

Los problemas de comunicación pueden tener resultados mortales, y ninguno es peor que la mala comunicación que puede existir entre Dios y las personas que Él creó.

Tanto en el Antiguo como en el Nuevo Testamento, Dios ha dicho claramente que Él es la única fuente de vida para la humanidad. Pero si no entendemos cómo encontrar vida en Dios, no experimentaremos la vida que Él quiere que tengamos.

Durante muchos años, me perdí de la experiencia abundante que Dios había creado para mi disfrute. Busqué vida en cosas fuera de Dios, cosas que nunca me brindaron el sentimiento profundo de satisfacción que anhelaba. Terminé viviendo lo que ahora llamo una *vida falsificada.* Al igual que el dinero falsificado, es una vida que te deja vacío y en bancarrota.

Como pastor, he descubierto que mi travesía no me es exclusivo. Todos estamos en esta travesía porque somos productos de la caída de la humanidad en el pecado y la muerte (Génesis 2-3). Todos llegamos a este mundo separados de Dios, luchando desesperadamente por encontrar un sentido y un propósito para nuestras vidas. Todos tendemos a buscar sentido en los lugares equivocados: en el dinero, en las personas, en los amigos, en los padres, en el trabajo, en los niños, y la lista sigue y sigue. Ninguna de esas cosas puede "llenar nuestra copa vacía". Como lo escribió san Agustín hace tanto tiempo, el corazón humano, creado por Dios, nunca encontrará descanso hasta que encuentre descanso en Él (Libro 1 de *Confesiones de San Agustín*).

Este libro trata sobre encontrar la vida de Dios. Se trata de aclarar la mala comunicación entre Dios y nosotros, y de encontrar el camino de regreso a la fuente de la vida misma: Dios, nuestro Padre. Quiero ayudarle a la gente a entender por qué nuestras vidas no nos satisfacen y por qué nos sentimos tan vacíos y derrotados. Descubriremos que Dios ha hecho todo lo necesario para reunirnos con Él. Así, podremos experimentarlo en toda su plenitud y disfrutar de una vida de significado, plenitud y contentamiento según su intención para nosotros.

El Evangelio En Pocas Palabras

Te pido que me acompañes en las próximas páginas a profundizar en lo que el Padre nos ha comunicado. Nos centraremos en el versículo, a mi entender, más poderoso de toda la Biblia: Romanos 5:17. Me he referido en diversas ocasiones a este versículo como "la Biblia en miniatura." Nos lleva de regreso a Adán y a la caída en el huerto, atraviesa la gloriosa obra de Jesús por nosotros y, en última instancia, a nuestra experiencia con el Jesús vivo en el contexto de nuestra vida diaria.

"Porque si por la ofensa de uno reinó la muerte por aquel uno, cuánto más reinarán en vida los que reciben la abundancia de su gracia y la dádiva de la justicia mediante aquel uno: Jesucristo" (Romanos 5:17) (RVA-2015).

Cuatro Temas

¿No es un versículo increíble? Creo que se volverá aún más increíble a medida que profundicemos en la gloria que esconde. Este versículo sirve como una "declaración resumida" de los cuatro temas principales que forman el corazón del evangelio. Escúchalos, cree en Dios, y comenzarás a experimentar vida en él. Este libro está organizado en torno a las cuatro secciones de este versículo. Sin embargo, las abordaremos en un orden ligeramente diferente al orden en el que aparecen en Romanos 5:17.

Reinó La Muerte

En la primera sección, veremos que Pablo nos da las malas noticias primero. "Si por la ofensa de uno reinó la muerte". Aquí Pablo afirma que Adán pecó. Eligió, y no eligió bien. Aunque fuera una elección personal, sus repercusiones se extendieron a toda la humanidad. La mala noticia es que la muerte que le sobrevino a Adán nos llegó a todos. Pero Dios nunca permite que las malas noticias constituyan el final de la historia. En el versículo se nos dice que Dios nos ofrece "mucho más". No importa cuán malas sean las malas noticias, ¡las buenas noticias son mucho mejores!

En la segunda sección, analizaremos "la dádiva de la justicia", el don de tener una posición aceptable ante nuestro santo Dios. La justicia consiste simplemente en ser rectificados, en ser hechos aceptables y suficientes. La palabra clave aquí es *dádiva*. No es algo que se pueda ganar. Es una dádiva. Déjame decirlo de nuevo: No. Puedes. Ganarte. La justicia. Punto. Pero Dios, en su maravillosa e infinita gracia, te *dará* justicia. ¿No es una gran noticia?

No obstante, hay algo que sí debemos hacer. Dios requiere una acción de nuestra parte. ¿Puedes leer el versículo y encontrar el verbo que el Espíritu Santo ha puesto sobre nosotros? Espero que haya saltado de la página, se haya alojado profundamente en tu mente y haya impactado en tu corazón. *Recibir*. No dijo que tenemos que ir a la iglesia, leer la Biblia, orar, diezmar o ayunar. Dijo: RECIBE. Abre tus manos y tu corazón para decirle "sí" a Dios y cree lo que él dice que te ha dado.

En la tercera sección, veremos "la abundancia de su gracia": un estilo de vida y una economía de vida completamente nuevos que Dios ha provisto para nosotros. Observa que la gracia es *abundante*. Es interminable, no tiene fondo, es implacable y es toda para nosotros. No existe forma alguna en que podamos agotar la gracia. Juan hace eco de la misma idea cuando escribe que de la plenitud de Cristo hemos recibido "gracia sobre gracia" (Juan 1:16).

La gente suele decir que tiene que haber un "equilibrio" entre la gracia y la ley. Como veremos más adelante en este libro, la ley y la gracia son entidades que se excluyen entre sí y que tienen propósitos muy diferentes. Juan 1 dice que la ley vino de Moisés, pero que la gracia y la verdad vinieron de Jesús.

¿A quién quieres seguir? ¿Quieres ser discípulo de Moisés o de Jesús? ¿Quieres vivir bajo la ley o quieres vivir bajo la gracia?

Reinarán En Vida

En cuarto y último lugar, examinaremos lo que significa "reinarán en vida [...] mediante aquel uno, Jesucristo". ¿Qué palabras asocias con la palabra reinar? "Rey" probablemente se encuentre en los primeros lugares de tu lista, ¿verdad? Aunque está bien pensarlo, no podemos ocupar el lugar del rey; solo hay un Rey y es Dios. Pero cuando te convertiste en hijo de Dios, te convertiste en hijo del Rey, por lo tanto, lo que te convierte en un príncipe o una princesa. Mediante la fe en Jesús, nos hicimos parte de la familia real (1 Pedro 2:9-10). ¿No es una gran noticia para ti y para mí?

Reinar en vida como princesas o como príncipes de nuestro Padre, el Rey, es algo realmente especial. Significa que podemos confiar en que Él obrará constantemente buscando nuestro mayor beneficio. Significa que nuestras circunstancias nunca nos derrotarán. Podemos experimentar gozo, paz, vida, descanso y libertad, independientemente de los ataques que nuestro enemigo dirija contra nosotros.

Mediante El Uno, Jesucristo

No debemos omitir una preposición muy importante en esa frase. Debemos reinar en vida “mediante” Jesucristo, “a través de” él. La vida cristiana no es algo que podamos experimentar independientemente de Jesús. Hablaremos sobre esto más a fondo en capítulos posteriores, pero vivir por Jesús significa confiar que Él nos brindará lo que necesitamos en todas y en cada una de las circunstancias de la vida. Durante demasiado tiempo luché para tener una vida abundante valiéndome de mis propios recursos. Como tú y yo sabemos de primera mano, es extenuante y desalentador vivir así. Me alegra mucho que Jesús nos ofrece un camino mejor.

Durante nuestra exploración de este mejor camino, ocasionalmente nos sumergiremos en las traducciones de las raíces de ciertas palabras de la Escritura. Cada vez que nos enfoquemos en una traducción, te animo a que busques tu concordancia y la revises tú mismo. Sigue el ejemplo de los nobles bereanos de Hechos 17 quienes, después de escuchar la predicación del apóstol Pablo, escudriñaron la Escritura para confirmar por sí mismos que lo que decía era cierto. Todas las citas de las Escrituras son de la versión Reina Valera 1995 a menos que se indique lo contrario.

Confío en que este será un recorrido increíble en el que aprenderás cuán *buenas* son realmente las buenas nuevas de Jesús. Como los discípulos en el camino a Emaús, que tu corazón arda al llegar a comprender cuánto te ama Dios y cuánto se preocupa por ti. Que toda la alabanza y toda la gloria sean para Él, para aquel que creó todas las cosas, el único digno de nuestra alabanza.

Parte 1

"Si por la ofensa de uno reinó
la muerte por aquel uno"

- UNO -

¿Dios Mintió?

Ira Yates, propietario de una tienda general al oeste de Texas en 1915, le cedió dicha tienda a Thomas Hickox a cambio de un gran rancho ganadero en el condado de Pecos. A pesar de la experiencia de Ira en la cría de ganado, su rancho tenía problemas económicos. Un día tuvo una corazonada e invitó a la compañía petrolera Transcontinental a explorar su tierra en busca de petróleo. Los perforadores alcanzaron el depósito de petróleo más rico encontrado en el estado de Texas hasta ese momento. Todos los problemas financieros de Ira Yates se resolvieron en un solo día. Décadas después, el Yates Oil Field sigue produciendo petróleo. Al día siguiente, los titulares de los periódicos locales anunciaron la noticia: "Yates se convierte en millonario de la noche a la mañana."

Es una historia real, pero ¿el titular es realmente cierto? Absolutamente no. Verás, el Sr. Yates se hizo millonario en el momento en que tomó posesión de ese rancho ganadero, solo que no lo sabía. Veo que este mismo fenómeno sucede en la Iglesia actualmente. Como creyentes, obtuvimos riquezas increíbles en Cristo en el momento en que pusimos nuestra fe en Él, pero al igual que el Sr. Yates, muchos no conocemos la magnitud de lo que obtuvimos.

Analicemos Las Riquezas: Las Cinco Promesas De Jesús

Analicemos cinco promesas que hizo Jesús en el Nuevo Testamento.

Nos prometió *gozo*. "Estas cosas os he hablado para que mi gozo esté en vosotros, y vuestro gozo sea completo" (Juan 15:11). Fuimos diseñados para vivir en el huerto del Edén, pero este mundo ya no es el Edén; la muerte nos acecha por todos lados. Luchamos contra críticas interminables, vergüenza, condenación, frustración y desilusión. Sin embargo, incluso mientras nos enfrentamos a estos ataques, Jesús nos promete que podemos experimentar la plenitud del gozo. Los cristianos son las únicas personas del mundo que pueden estar llorando de dolor mientras experimentan, al mismo tiempo, un *gozo* pleno y verdadero.

Jesús nos prometió *paz*. "La paz os dejo, mi paz os doy; yo no os la doy como el mundo la da" (Juan 14:27). Dijo que sería una paz que sobrepasaría "todo entendimiento" (Filipenses 4:7). Podremos tener esta paz sin importar lo que esté sucediendo a nuestro alrededor en este mundo. Esta experiencia con Dios es muy superior a cualquier cosa que el mundo puede ofrecer: una paz perfecta y a prueba de cualquier tipo de circunstancia.

Jesús nos prometió una *vida abundante*. “El ladrón no viene sino para hurtar, matar y destruir; yo he venido para que tengan vida, y para que la tengan en abundancia” (Juan 10:10). ¿Por qué especificó Jesús especificó que la vida sería *abundante*? ¡Porque no hace nada a medias! No se refrena. Los dones que recibimos de Él son dones bien compactados, remecidos y rebosantes (Lucas 6:38). Llena tanto nuestro plato que no nos queda espacio para un bocado más. Si Jesús nos da vida, nos la da en *abundancia*. Pero las promesas no terminan ahí.

Nos prometió *descanso*. “Venid a mí todos los que estáis trabajados y cargados, y yo os haré descansar” (Mateo 11:28). Presta mucha atención a este texto. ¿Para quién es esta promesa? ¿Para el súper santo? ¿Para aquel que puede salir adelante en cualquier situación de la vida con sus propias fuerzas? ¡De ninguna manera! Esta promesa es para aquellos que están cansados y cargados y que simplemente tienen dificultades para vivir en este mundo caído. A ellos, Jesús les dice: “¡Tengo buenas noticias! ¡Vengan a mí y los haré descansar!”. Curiosamente, la palabra griega para *descanso* significa “el cese del trabajo”. Podríamos traducirlo como “vacaciones” o “jubilación”. Además, el idioma griego está estructurado de tal manera que este versículo podría traducirse: “te daré vacaciones” o “te jubilaré”. Es casi como si

Jesús estuviera diciendo: "Me ocuparé personalmente de que entres en el descanso". ¿No es maravilloso?

Por último, Jesús nos prometió *libertad*. "Y conoceréis la verdad y la verdad os hará libres" (Juan 8:32). ¿Libres de qué? Libres del pecado, de la culpa y de la vergüenza. Esas son buenas noticias, pero hay más. Nos ofrece libertad para que no tengamos que buscar ser aceptados a través de nuestro desempeño, libertad para no tener que depender de otros para nuestro bienestar. Nos ofrece la libertad máxima: la libertad de nosotros mismos. Libertad para no ser tan severos con nosotros mismos. Libertad para poder reírnos de nosotros mismos; algo que todos deberíamos hacer ya que somos fuente de mucho material cómico, ¿verdad?

Nunca olvidaré una vez que estábamos en una excursión con mi familia. Íbamos en nuestra camioneta por la carretera cuando hice un rápido giro en "u" y abrí la puerta para recoger un alicate que estaba a un lado de la carretera. Por cierto, esa es una excelente manera de conseguir herramientas para tu caja de herramientas. Fue bastante difícil, así que me desabroché el cinturón de seguridad. En mi esfuerzo por agarrar el alicate, me caí de la camioneta. Tomé el alicate y luego comencé a correr detrás de mi familia que iba por la carretera sin conductor.

En mi familia nos hemos reído de ese incidente durante años. Y sí, hay muchas otras historias como esa. Como la vez que con mi cortadora de césped giratoria pasé por encima de una bolsa de basura que estaba llena de excremento de perro recién recogido. ¡Esparcí ese excremento por todos lados! Por las paredes de la casa, por la piscina, ¡por todas partes! Esa tontería le ha proporcionado muchas risas a mi familia. Recibir las promesas de Jesús me ha dado libertad para reírme de todas las tonterías que hago en la vida y que suceden por el simple hecho de ser humano.

¿Qué hay de ti? Al reflexionar sobre cada una de estas cinco promesas (gozo, paz, vida abundante, descanso y libertad), considera a la Iglesia con una mirada honesta. ¿Cuántos cristianos experimentan, en el mejor de los casos, dos de estas promesas de forma consistente y permanente en sus vidas? ¿Cuántos conoces que experimenten todas cinco?

¿Cuántas de estas promesas estás experimentando *tú* actualmente? ¿Vives con gozo, paz, descanso y libertad y estás experimentando una vida abundante? ¿O te sientes perdido, solo, demasiado acomplejado y un poco abrumado?

Nuestro Gran Problema

Si eres como la mayoría de los cristianos con los que me encuentro, tal vez experimentes algunas de estas promesas en tu vida de vez en cuando, pero te hace falta la experiencia plena y gloriosa de Dios que Jesús nos prometió. Esto nos presenta un problema. Si Jesús nos prometió gozo, paz, vida abundante, descanso y libertad, y no estamos experimentando estas promesas, entonces, o bien Jesús mintió o nos estamos perdiendo de una parte del evangelio.

¿Es Jesús un mentiroso? ¿Tiene problemas para cumplir sus promesas? Absolutamente no. Tito 1:2 nos dice que Dios no puede mentir. ¿Entiendes lo que significa ese versículo? No significa que Dios *no mentirá*, significa que es *absolutamente imposible* que Él mienta. Si nos promete gozo, paz, vida abundante, descanso y libertad, significa que nos ha dado todas esas cosas. Si no las estamos experimentando, el problema está en nosotros y en nuestra comprensión del evangelio.

Completamente Llenos

Según Colosenses 2:10, estamos "completos" en Cristo. La palabra griega para "completo" es *pleróo. Pleróo* también se puede traducir como "completamente lleno" o "perfecto". Según Colosenses 2:10, ¡tú y yo somos perfectos en Cristo! No nos falta nada y no necesitaremos nada en el futuro porque ya tenemos la plenitud de Dios que mora en nosotros. ¿No es asombroso? Siempre quise decir que soy perfecto, y ahora tengo una base bíblica para hacerlo, ¡y tú también!

Esta realidad de haber recibido todo lo que necesitamos llevó al apóstol Pablo a escribir unas de las oraciones más largas que he leído. Es como si no pudiera contenerse de proclamar su maravilla y asombro ante lo que Dios ha hecho por nosotros en Cristo. Comienza en Efesios 1:3 y continúa hasta el versículo 14. Con un corazón desbordado, Pablo comienza diciendo que Dios "nos bendijo con toda bendición espiritual en los lugares celestiales en Cristo". Presta atención a las palabras que utiliza. ¿Pablo dice que "algunas bendiciones espirituales" son nuestras? ¿Escribe que "unas pocas bendiciones espirituales" son nuestras? Para nada. De hecho, la palabra griega que Pablo usa aquí es *pás*, que se traduce como "todo, el todo, todo tipo de". Dios nos ha dado todo, no se contuvo en nada.

Mientras Pablo reflexiona sobre este maravilloso concepto, anuncia cuáles son algunas de estas bendiciones. Somos elegidos en Él, adoptados por la familia de Dios y aceptados plenamente en Jesús. Hemos sido redimidos, todos nuestros pecados han sido perdonados, y nos ha hecho comprender los misterios de Dios. Y, como si fuera poco, nos ha dado su Espíritu Santo como garantía de nuestra herencia.

El Dios Que Es Abundante

Tómate un momento para pensar en esto. ¡Hemos recibido a Dios como garantía de nuestra herencia! Aunque tenemos a Dios en su plenitud, también tenemos la promesa de que recibiremos más de Dios en el futuro. ¿Cómo es posible? La respuesta sencilla es que Dios es infinito y, por tanto, siempre habrá más de Él de lo que podamos contener nosotros como simples vasos finitos. En el momento en que depositamos nuestra fe en Cristo, nos convertimos en estudiantes eternos. Siempre estaremos aprendiendo de todo lo que Dios ha hecho por nosotros y todo lo que hemos recibido en Él. La eternidad no alcanzará para agotar nuestra comprensión del amor de Dios por nosotros.

¿Es de extrañar que en el capítulo 1 de Efesios, Pablo utilice la palabra “alabanza” a lo largo de todo el segmento? ¡Hemos recibido “toda” bendición espiritual en Cristo! Se nos han dado “todas las cosas que pertenecen a la vida y a la piedad” (2 Pedro 1:3).

Cada creyente es un multimillonario espiritual. No importa tu edad. No importa si has sido creyente hace tiempo o si acabas de convertirte en uno. Ni siquiera importa si tienes mucha o poca fe. En el momento en el que depositaste tu confianza en Jesús como Señor y Salvador, te volviste espiritualmente rico o rica en Él.

Todas esas prédicas o himnos que nos invitan a buscar más de Dios, más de su poder y más de su amor no están alineados con el Nuevo Testamento. Aunque su intención es buena, se basan en la premisa de que Dios no se ha ofrecido a nosotros en plenitud. ¡Nada podría estar más lejos de la verdad!

Entonces, ¿por qué hay tanta gente que no disfruta de

la plenitud de Dios y de todas las bendiciones que ya nos ha dado?

¡He tenido esta pregunta en mi mente durante muchos años! ¿Por qué hay tantos creyentes que viven como el Sr. Yates, más ricos de lo que podríamos imaginar, pero viviendo como pobres? En el próximo capítulo, describiré, a mi entender, las principales razones por las que esto ocurre.

Antes de continuar, podría ser provechoso dejar este libro de lado, leer ese segmento increíble de Efesios 1 por tu cuenta y luego alabar a Dios por todo lo que ha hecho por ti en Cristo.

- DOS -

Volver A Lo Básico

Jesús vino a traer la vida de Dios para que los creyentes la experimentaran aquí y ahora. El fruto del Espíritu es una excelente sinopsis de la intención de Dios para una "vida cristiana normal". Diseñó el amor, el gozo, la paz, la paciencia, la benignidad, la bondad, la fe, la mansedumbre y la templanza para que fueran nuestra experiencia diaria. ¿No suena como algo absolutamente celestial? En la persona y en la obra de Jesucristo, no solo *iremos* al cielo, ¡podemos *experimentarlo* ahora mismo!

Pero ¿qué pasa si nuestra experiencia no se alinea con las promesas de Dios? Evidentemente, tenemos un problema. De hecho, tenemos varios problemas.

Lo primero que debemos entender es que, en lo que concierne a la Biblia, estamos tratando con la mente de Dios, ¡aquel que sabe todas las cosas! ¡Nosotros, criaturas finitas, estamos intentando comprender la mente de un Dios infinito! Sin duda, no es tarea fácil. Dios mismo dice que sus pensamientos y sus caminos no son los mismos que los nuestros. En Cristo, Dios nos presenta con una forma de pensar y de vivir –una economía celestial– completamente ajena a la manera en que hemos vivido nuestras vidas.

Para complicar aún más las cosas, somos habitantes de la tierra. Tenemos vidas y pensamientos terrenales. Estamos tan inmersos en nuestra existencia física, que incluso cuando Dios nos habla claramente de las realidades espirituales en su Palabra, a menudo filtramos lo que leemos a través de nuestras propias experiencias y creencias. Esto fácilmente puede llevarnos a malentender lo que Dios ha dicho.

Otro factor importante es nuestra confusión acerca de los pactos. En palabras sencillas, los pactos son promesas que Dios hacía con su pueblo. Es importante entender la manera en que obra Dios bajo los pactos o estaremos confundidos acerca de lo que enseña la Biblia. Dios le dio un antiguo pacto a Moisés en el monte Sinaí. Fue tan glorioso que el rostro de Moisés brillaba después de recibir esa revelación de Dios. Pero en Cristo, Dios estableció un nuevo pacto mucho más glorioso que el antiguo (2 Corintios 3:8-9). Este nuevo pacto nos da vida por el Espíritu Santo y nos justifica delante de Dios, volviendo obsoleto el antiguo pacto (Hebreos 8:13). Si no entendemos esto, corremos el peligro de aferrarnos al antiguo pacto como si fuera verdad para nuestras vidas hoy. Aquí hay un ejemplo: en Jeremías 17:9, se nos dice lo siguiente: "Engañoso es el corazón más que todas las cosas, y perverso". Dado que Dios proclamó esto en su Palabra, es una afirmación verdadera. Sin embargo, es igualmente cierto que cuando Dios estableció el nuevo pacto, retiró nuestros viejos corazones de piedra y nos dio corazones nuevos (Ezequiel 36:25-26).

Recientemente tuve una conversación con un gran hombre de Dios que ha caminado con el Señor durante más de cincuenta años. Está profundamente comprometido con Jesús y lee su Biblia todos los días. Cuando compartí estos dos pasajes sobre nuestros corazones, le pregunté cuál era cierto para él. Me respondió que ambos eran ciertos, pues ambos habían salido de la boca de Dios. Aunque ambas declaraciones son verdaderas, no pueden referirse ambas al mismo individuo al mismo tiempo. Ningún ser humano tiene dos corazones. Únicamente son verdaderas en el marco del pacto bajo el que fueron hechas.

Aunque este querido hombre había puesto su fe en Cristo, su incapacidad para distinguir entre las verdades del antiguo y del nuevo pacto le impedía aferrarse a su gloriosa nueva identidad en Cristo. Pensaba que seguía teniendo un corazón malvado ante Dios, ¡y eso es algo trágico!

Su situación nos conduce a lo que estoy convencido es el motivo principal por el cual hay tanta gente que no experimenta todo lo que Dios ha hecho por nosotros: ¡LA INCREDULIDAD! Él *pensaba* que seguía teniendo un corazón malvado delante de Dios. Permitió que su pensamiento le impidiera creer en lo que Dios había hecho por él en el nuevo pacto. Seguí confrontándolo acerca de la incompatibilidad de creer en dos verdades opuestas, pero no lograba aceptar plenamente las buenas nuevas de lo que Dios había hecho por él en Cristo. Vivía un evangelio incompleto, y no es el único. Pienso que esto ha estado ocurriendo desde el nacimiento de la Iglesia.

Un Evangelio Incompleto

Cuando Pablo les escribió a los creyentes de la iglesia en Roma, les dijo que no podía esperar para llegar y compartir el evangelio con ellos (Romanos 1:15). ¿Por qué les diría esto si ya eran creyentes? Asimismo, Pablo le escribió a la iglesia de Tesalónica que quería visitarla para completar lo que faltaba en su fe (1 Tesalonicenses 3:10). Además, Pedro les dijo a sus lectores que necesitaban crecer "en la gracia y el conocimiento de nuestro Señor y Salvador Jesucristo" (2 Pedro 3:18).

En ese maravilloso primer capítulo de Efesios, Pablo nos dice que recibimos toda bendición espiritual en Cristo. ¿Pero sabes lo que hace Pablo justo después? Ora para que *entendamos lo que tenemos* (Efesios 1:14-20). El Espíritu Santo anticipó que fácilmente podríamos pasar por alto cuán buenas son realmente las buenas nuevas. Sucedió en la Iglesia primitiva, le sucedió al querido hombre que mencioné antes y muy probablemente te sucedió a ti. Definitivamente me pasó a mí. Me había aferrado a, y estaba viviendo en, un evangelio incompleto.

Esto no es algo fácil de admitir, especialmente cuando eres pastor, pero es absolutamente necesario hacerlo. Para aprender la verdad, debemos desaprender lo que pensábamos era verdad, debemos admitir que nos equivocamos. Esto es exactamente lo que hice un domingo por la mañana en 1989: me paré ante la iglesia que estaba pastoreando, me disculpé, y les comuniqué que había estado enseñando un evangelio incompleto. No había logrado comprender la profundidad de lo que significa realmente la palabra *evangelio*.

Las Noticias Ya Sucedieron

La palabra *evangelio* es una palabra antigua, de origen griego y literalmente significa "buenas noticias". La usaba con tanta frecuencia que se me había perdido su verdadero significado. La palabra *noticia* no es un verbo, sino un sustantivo. No es una llamada a hacer algo, sino un anuncio sobre algo que se ha hecho. ¡El evangelio es el anuncio de las cosas increíblemente buenas que Dios ha logrado por nosotros en la persona y obra de nuestro Señor Jesús!

Lo primero y más importante es la noticia de que Dios envió a su Hijo a morir por nuestros pecados para que pudiéramos ir al cielo a vivir con Él para siempre. En mi juventud, me aferré a Jesús como mi Señor y Salvador y vivía con la certeza de que iba a ir cielo. El problema era que había leído el titular de la noticia, pero no había profundizado en el artículo que lo acompañaba. No entendía la parte de "toda bendición espiritual" que discutimos en el capítulo anterior. Estaba seguro del lugar al que iba, pero agotado en mi accionar. Estaba tratando de producir "buenas noticias" con mis propios esfuerzos y recursos.

Realmente Ineficaz

Si el evangelio es simplemente un boleto para ir al cielo, ¿qué sucede mientras tanto? Bueno, el mientras tanto no será de lo más agradable, pues dependeremos de nuestros propios recursos para vivir según la voluntad de Dios. Durante la mayor parte de mi vida como cristiano, realmente intenté vivir para Dios, pero estaba muy equivocado en mi comprensión de cómo lograrlo. Pensaba que yo era el responsable de vivir la vida cristiana, y me esforzaba muchísimo por hacerlo.

Me esforzaba por ser un buen esposo cristiano, pero no había aprendido a ocupar primero mi lugar como la novia de Cristo. Buscaba ser un buen padre cristiano, pero no había aprendido a vivir como un hijo de Dios. Al tratar de vivir *para* Dios, no había aprendido a vivir *de* Dios, recibiendo de Él todo lo que me permitiría ser el esposo y el padre que quería ser.

Las prédicas bien intencionadas agravaban mi problema. Me decían que Dios había hecho todo lo que podía por mí, así que ahora yo debía hacer todo lo que podía por Él. ¡Me dijeron que ofrendara, que orara, que ayunara, que leyera la Biblia y que fuera a la iglesia! ¿Funcionó hacer todo eso? No, no lo hizo. La conclusión a la que llegué era que no me estaba esforzando lo suficiente.

Entonces, prometí dar MÁS, orar MÁS, ayunar MÁS, leer MÁS mi Biblia e ir MÁS a la iglesia. Lamentablemente, el resultado fue el mismo. No estaba experimentando la vida que Él me había prometido.

Como muchos otros cristianos, había convertido las buenas nuevas de lo que Dios había hecho por mí en algo que yo tenía que hacer por mi cuenta. Me había enfocado en mí, había dejado a Dios por fuera de la ecuación e intentaba vivir como cristiano según mis propias capacidades. Necesitaba escuchar y creer que Jesús no solo había dado su vida por mí en la cruz, sino que también me había dado vida a través del Espíritu. Las insondables riquezas de Dios se hallan en Jesús (Efesios 3:8), y Jesús vive en mí (Colosenses 1:27).

Trágicamente, aunque sabía que esto era cierto, no vivía como si fuera cierto. Vivía en una sutil incredulidad. Era como si alguien me hubiera dado un millón de dólares, pero yo seguía trabajando por un cheque a fin de mes y nunca recurría a mi abultada cuenta bancaria. Seguía buscando por fuera la vida que ya tenía por dentro. Innumerables cristianos han pasado toda su vida haciendo precisamente esto: buscando lo que ya tienen y experimentando la frustración que produce estar en un recorrido que nunca podrán completar.

Es hora de preguntarse: "¿Hay un camino mejor?". ¡Sí, lo hay!

El Camino Mejor

Si bien el Nuevo Testamento habla del cielo como si fuera una meta, más a menudo nos presenta un cielo en el cual ya nos encontramos y un Dios que podemos experimentar en el presente. Él vino a darnos vida, una vida que es abundante porque es su vida. Dios se tomó tan en serio esta idea que la anunció claramente al hablar de "Cristo, nuestra vida" (Colosenses 3:3-4) (LBLA).

Casi todos los cristianos estarían prestos a admitir que Jesús es su Señor y Salvador, pero ¿con qué frecuencia los has escuchado decir que Jesús es su vida? Yo no lo escucho con mucha frecuencia, y creo que es porque la gente no comprende lo que significa. Si no lo entendemos, no podemos aplicarlo; y si no podemos aplicarlo, nunca experimentaremos su poder transformador.

En Romanos 5:10, probablemente el versículo más desatendido de la Biblia, Pablo hace la gloriosa declaración de que Jesús no solo nos salvó con su muerte, nos está salvando además con su vida. Su muerte nos salvó de nuestro pecado al pagar la deuda que teníamos con la ley. Pero su vida en nuestro interior nos brinda la capacidad de vivir con poder en un mundo oscuro y desesperado, y nos salva de nuestra incapacidad para hacerlo.

Él ofrece darnos su fuerza a cambio de nuestra debilidad, Su amor a cambio de nuestro egoísmo, su paciencia a cambio de nuestra ira. Como muchos han dicho: "Él dio su vida *por* nosotros para poder darnos su vida a nosotros y poder vivir su vida *a través* de nosotros". Cuando elegimos creer en Él, lo experimentaremos de una forma tan maravillosa y lo manifestaremos de una forma tan poderosa que nos convertiremos en las "cartas vivas" de Dios para el mundo. Dios se volverá tan real en nosotros y a través de nosotros que los demás se encontrarán con Él en nuestras vidas. ¡Increíble!

Una Carta Viva

Una mujer a la que había estado aconsejando durante algunas semanas se me acercó un día con una sonrisa de júbilo. "Pastor Frank –me dijo–, ¡el otro día hablé de Cristo!" Celebré con ella y le compartí mi alegría.

"No, no me entiende –me dijo–, ¡soy cristiana hace veintidós años, y *esa* fue la primera vez que le anuncié el evangelio a alguien!".

Yo estaba muy emocionado. "Bueno, ¡cuéntamelo!".

"Estaba en mi patio, escuchando un mensaje suyo y mi vecina asomó la cabeza por encima de la cerca y me preguntó qué estaba haciendo. Le dije que estaba escuchando un mensaje. Ella me preguntó de qué se trataba. Pasé las siguientes tres horas contándole lo que he estado aprendiendo sobre lo que Dios ha hecho por nosotros, ¡y la llevé a Jesús!".

Su historia ejemplifica de lo que se trata el evangelio. Al ella creer que Dios había puesto su vida en ella, esa vida no podía contenerse, convirtiendo su vida en algo contagioso para los demás. Esto es lo que sucedió hace dos mil años cuando la gente descubrió por primera vez la gloria del evangelio. Pusieron el mundo patas arriba con las riquezas de Dios que se encuentran en Jesús. Creo que esto puede volver a suceder hoy, y te invito a que seas parte de esto mientras tú también descubres las buenas nuevas, la increíble gloria de lo que Dios ha hecho por ti en la persona y obra de nuestro Señor Jesucristo, quien es tu vida.

- TRES -

¿Quién Eres?

Solía hablar mucho en las universidades y me encantaba. Reorganizaba mi agenda y hacía todo lo que estuviera a mi alcance para poder lograrlo. Los estudiantes tienen algo especial: están llenos de energía y pasión, son un poco ingenuos e idealistas, seguro, pero están convencidos de que pueden cambiar el mundo. ¡Y lo han hecho! En los últimos doscientos años, muchos de los grandes avivamientos en los Estados Unidos comenzaron en las universidades. Piensa en la revolución cultural que arrasó a los Estados Unidos durante los años sesenta; los estudiantes hicieron eso.

En una universidad en particular, estaba hablando ante una multitud bastante grande, y los organizadores me habían puesto en una plataforma a metro y medio del suelo. Odio sentirme elevado y separado de la gente, así que no pasó mucho tiempo antes de que yo saltara al piso y me dirigiera hacia esos estudiantes. Deberías haber visto cómo se les abrieron los ojos a esos jóvenes cuando invadí su zona de confort.

"¿Quién eres?", le pregunté al joven de la primera fila. Su rostro se quedó en blanco por un momento antes de recomponerse y murmurar su nombre.

"Soy Thomas".

"Bien, ¿quién *eres*, Thomas?".

"Uh... –siguió murmurando–, soy estudiante de contabilidad".

"Oh, de acuerdo". Me volví hacia una joven. "¿Y tú quién eres?".

"Soy Suzie. Soy estudiante de enfermería".

"¿Y tú?"

"Soy Mark, soy asistente de posgrado."

"Soy Eric, miembro del equipo de cruzadas universitarias."

Esto sucedió varias veces antes de detenerme. "Esperen un segundo –les dije–, pensé que estaba en una universidad. ¿No se supone que la gente es bastante inteligente en las universidades?". Estaba siendo audaz y quizás un poco desagradable, pero logré captar su atención. Así que continué. "Les diré el problema: les he hecho una pregunta a todos ustedes, y ninguno la ha respondido. Les he preguntado quiénes son y solo me dicen lo que hacen. ¿Qué les pasa? ¿No saben quiénes *son*?"

Y ese era exactamente el problema. No sabían quiénes eran. Todos asociaban quiénes eran con lo que hacían. Esa sensación de estar *perdidos*, esa falta de comprensión de quiénes somos realmente y de cuál es nuestro propósito no era parte del plan de Dios cuando nos creó. Cuando Dios hizo este hermoso mundo en el que vivimos, dijo que era bueno y, cuando hizo su obra más hermosa al crear a las personas, dijo que era *muy* bueno. Algo drástico tuvo que haber sucedido para que una humanidad creada a imagen de Dios haya perdido tan completamente su verdadera percepción de quienes somos.

Los estudiantes en esa sala, al igual que personas alrededor del mundo, eran como brújulas sin un verdadero norte. Su "aguja" apuntaba en cualquier dirección y a todo lado en un intento por descubrir un significado y un sentido profundo para sus vidas. Me devolví donde el primer joven con el que había hablado, Thomas, y le pedí que ladrara.

Aquel joven brillante respondió: "¿Cómo un perro?".

"Así es, hijo, como un perro", le dije.

Ladró, y bastante bien, debo admitir.

Le pregunté si ladrar lo convertía en perro. "¡Por supuesto que no!", me respondió.

Ladrar como un perro no lo convirtió en un perro, así como ir a McDonald's no lo convertiría en una hamburguesa con queso ni sentarse en un garaje lo convertiría en un automóvil. Lo que hacemos no determina quiénes somos, pero la gente de todo el mundo declara: "¡Soy médico!". "¡Soy abogado!". "Solo soy ama de casa". "Solo soy conserje". No, amigo mío, eso es lo que esas personas *hacen*, pero no es lo que *son*.

Entonces, ¿quiénes somos? ¿Quién eres? Es una gran pregunta, y quiero ayudarte a responderla.

La Raíz de tu Identidad

Para ayudarnos a entender este problema de identidad equivocada, volvamos al principio y descubramos cual era la identidad pretendida por Dios para nosotros en la creación original. Eres mucho más importante de lo que piensas. Génesis 2:7 contiene el relato bíblico de la creación de Adán, el primer ser humano. Allí se revela que Dios nos diseñó para que nos desenvolviéramos con tres aspectos distintos: un cuerpo, un alma y un espíritu. "Entonces Jehová Dios formó al hombre del polvo de la tierra, sopló en su nariz aliento de vida y fue el hombre un ser viviente".

A primera vista, este versículo no parece indicar la triple conformación de Adán, pero mirémoslo un poco más de cerca. La primera frase del versículo dice que Dios usó el polvo de la tierra para moldear a Adán. ¿Qué parte de Adán crees que estaba creando Dios? El cuerpo, ¿verdad? En la siguiente frase, Dios sopla aliento de vida en las fosas nasales de Adán. La palabra utilizada para "aliento" es *neshamá*, que también se traduce como "espíritu". Por último, el versículo dice que "fue el hombre un ser viviente". La palabra para "ser" usada aquí es *néfesh*. Esta palabra también puede interpretarse como "alma".

En el Nuevo Testamento, Pablo aclara esta funcionalidad tripartita de las personas en 1 Tesalonicenses 5:23: "Que el mismo Dios de paz os santifique por completo; y todo vuestro ser —espíritu, alma y cuerpo— sea guardado irreprochable para la venida de nuestro Señor Jesucristo".

El escritor de Hebreos también nos dice que la Palabra de Dios es "más cortante que toda espada de dos filos: penetra hasta partir el alma y el espíritu" (Hebreos 4:12). Evidentemente, el alma y el espíritu son dos aspectos bien diferenciados de nuestro ser. Debemos entender la diferencia entre sus funciones y propósitos para comprender la gloria de nuestra humanidad.

Como lo dijo el salmista en Salmos 139:14, en verdad somos una creación formidable y maravillosa. No obstante, creo que debemos tener mucho cuidado de no separar demasiado estas tres funcionalidades para no hacer hincapié en una y descuidar a las demás. Estos tres aspectos únicos deben funcionar de la manera pretendida por Dios para que podamos ser verdaderamente humanos.

La Función de tu Cuerpo

Tu cuerpo es la parte física, creado para el mundo físico en el que vivimos. Está diseñado para contener las partes espirituales: el alma y el espíritu. En 2 Corintios 4:7, el apóstol

Pablo llama a nuestros cuerpos "vasos de barro" o "vasijas de barro".

Así como un vaso de barro está diseñado para contener algo, como agua o vino, nuestros cuerpos físicos también deben contener algo. Pero el acto de contener no es el único propósito de un vaso. Un vaso también está diseñado para verter lo que contiene. Lo mismo ocurre con nuestros cuerpos físicos.

Nuestros cuerpos no solo fueron diseñados para contener nuestra parte espiritual, también fueron diseñados para ser un vehículo único a través del cual expresamos nuestro ser espiritual en el mundo físico. A mi amigo Bill Gillham, quien ahora está con el Señor, le gustaba referirse a su cuerpo como su "traje terrenal". En muchos sentidos, esa es una descripción adecuada. Tu yo espiritual único –tu alma y tu espíritu– interactúa con el mundo a través de tu cuerpo físico.

La Función de tu Alma

Cada uno de nosotros tiene un alma. La palabra griega *psujé* es donde nace la ciencia de la psicología. La psicología estudia la relación entre la mente, las emociones y la voluntad dentro de cada uno de nosotros (el *alma* o la personalidad). Las personalidades son tan diversas como las personas. Algunos individuos son extrovertidos, y otros son reservados.

Algunos tienden a ubicarse más del lado objetivo, guiados únicamente por su mente, mientras que otros tienden a ser más subjetivos y tienen sentimientos más profundos.

Cada uno de nosotros tiene una personalidad única e irrepetible en todo el mundo. Eso nos hace muy especiales para Dios porque no hay nadie más como nosotros.

La Función de tu Espíritu

El espíritu se encuentra en el centro de tu ser y se diferencia completamente de tu alma. En toda la creación, considerando la totalidad de los reinos vegetal y animal, el ser humano es el único que tiene un espíritu. Tu espíritu es lo que te separa del resto de la creación.

Las plantas tienen cuerpo, pero no tienen alma ni espíritu. Las plantas no tienen emociones ni pueden tomar decisiones. Los animales, por otro lado, tienen cuerpo y alma, pero no tienen espíritu. Piensa en tu perro. ¿Tiene mente? ¿Puede aprender trucos? ¿Tiene emociones como para estar triste cuando te vas y feliz cuando llegas a casa? ¿Tiene voluntad? ¿Puede elegir obedecerte o desobedecerte? Sí, amigo mío, los animales tienen alma.

Pero tú, como ser humano, eres completamente diferente. No solo tienes cuerpo y alma, tienes espíritu. A esto se refiere la Biblia cuando nos dice que hemos sido creados a imagen de Dios. Juan 4:24 nos dice que "Dios es Espíritu", así que cuando nos hizo a su propia imagen, nos creó con un espíritu.

Lo que realmente nos caracteriza como personas es el espíritu. Dios es Espíritu y nos hizo a su imagen como espíritus para así tener seres únicos con los cuales conectarse y compartir su vida, Espíritu a espíritu, Persona a persona.

Tu Vida Proviene de Dios

Dios sopló vida en Adán, y, en ese momento, Adán cobró vida. Antes de esto, Adán no era realmente Adán. No era una persona; era apenas un pastel de barro. Dios sopló en ese pastel de barro, y Adán se convirtió en un alma viviente y con espíritu a medida que Dios mismo comenzó a habitar en el espíritu de Adán. ¡Cielos! ¡Qué identidad! Las personas, tal como Dios nos creó, somos creadas para contener al Dios del universo.

Pero eso no es todo. Recuerda lo que dijimos antes: el propósito de un recipiente es primero verter en él para luego verter de él. Cuando Dios me hizo a mí, Frank Friedmann, su intención era proveerse a sí mismo de un cuerpo de Frank Friedmann, un alma o personalidad de Frank Friedmann y un espíritu de Frank Friedmann, para que fuera puesta en unión con el Espíritu Santo. Esto me permite derramar o manifestar la vida de Dios como nadie más puede hacerlo. ¡Qué unicidad! Quienes me conocen ciertamente estarán de acuerdo con esa afirmación.

Tal vez quieras retroceder y leer eso de nuevo. Pon tu propio nombre en lugar del mío para recordar cuán especial eres para Dios y cuán única es la forma que tienes de manifestarle a Él ante el mundo. ¿No es asombroso?

El propósito de Dios para ti es que manifiestes su vida ante los demás a través de tu personalidad y de tu cuerpo. Por eso habita dentro de ti. Esta increíble realidad nos brinda la seguridad, el sentido y la unicidad que todos anhelamos como seres humanos. Todos fuimos diseñados de manera única y diferente por un motivo: ser aquella parte de la creación que contiene a Dios de manera única y que le entrega al universo físico la manifestación *visible* del Dios *invisible* como solo nosotros podríamos hacerlo.

Dios quería crear una imagen de sí mismo increíblemente detallada y texturizada para que el mundo la viera. Para lograrlo, creó personas que, cuando manifestaran la vida de Dios de forma única, operarían colectivamente como un caleidoscopio gigante, expresando los diversos aspectos del Dios invisible de manera física y visible.

Cuando Dios estaba planeando esto, quería específicamente que tú hicieras parte de este glorioso caleidoscopio para reflejar quién es Él ante el mundo. Después de todo, tú manifiestas su vida como nadie más puede manifestar. Y lo que es aún más sorprendente, ¡Él te creó para que hicieras eso!

A medida que crezcas en tu comprensión de la Biblia, confío en que obtendrás la libertad y el aliento para ser tú mismo, no lo que el mundo, la iglesia o cualquier otra persona cree que debes ser. Por favor, escucha esa última frase y aférrate a ella. Las personas pasan tanto tiempo siendo lo que los demás quieren que sean que nunca llegan a saber quiénes son en realidad. ¿Ves la gloriosa simplicidad del diseño de Dios y de la identidad que deberíamos tener?

La Vida Interior

Antes de poder derramar y manifestar la vida de Dios ante el mundo, Dios tiene que derramar su vida en nosotros. Este es el segundo aspecto de nuestro glorioso diseño que todo ser humano debe comprender. Fuimos diseñados para tener vida en el *interior* para poder manifestar esa vida en el *exterior*.

Considera algunos de los atributos de Dios:

- Es omnipotente, lo que significa que es todopoderoso.
- Es omnisciente, lo que significa que todo lo sabe.
- Es omnipresente, lo que significa que está en toda parte al mismo tiempo.

Podríamos seguir detallando quién es Dios en su gloria. A los efectos de este libro, quiero centrarme en el siguiente atributo: Él es la vida misma. Esto resume todos sus demás atributos. Juan 5:26 nos dice que "el Padre tiene vida en sí mismo". Piensa en eso por un momento: Dios tiene vida en sí mismo. Esto significa que no necesita a nadie ni a nada para poder experimentar la vida.

¿Ves lo que significa esto para nosotros como sus seres únicos, donde vive su Espíritu? Cuando puso su Espíritu dentro de nosotros, puso su propia vida en nosotros.

Hay dos palabras griegas en el Nuevo Testamento que se traducen como "vida"; sin embargo, debemos ser conscientes de algunos matices cruciales entre ellas. La palabra griega *zoé* tiene un sentido de divinidad. Es la palabra que se usa en Juan 10:10 para referirse a la vida abundante que recibimos de Dios. *Bíos*, la raíz de las palabras "biología" y "biografía" tiene un sentido natural y terrenal. Desde mi punto de vista, es la vida tal y como la vivimos los seres humanos.

Nos levantamos por la mañana, tendemos nuestras camas (a veces), comemos cereal y salimos por la puerta, y todo lo hacemos porque tenemos *bíos*. Pero la intención de Dios era que también tuviéramos y expresáramos su vida *zoé* en nuestra vida *bíos* y a través de ella mientras experimentamos nuestra unión de espíritu a Espíritu con él.

Fuimos diseñados para experimentar Su vida en los recovecos más profundos de nuestro ser, de forma tal que tuviéramos por dentro Su vida en su máxima expresión. Nuestra vida *bíos* estaría llena de su vida *zoé*. Reflexiona sobre la gloria de su diseño: el amor, el gozo, la paz, la paciencia, la benignidad, la bondad, la fe, la mansedumbre y la templanza no solo serían nuestra posesión permanente, también los manifestaríamos de forma permanente. ¡Fuimos creados con el increíble privilegio de ser los únicos que pueden contener a Dios de una manera como nadie ni nada más podría en todo el universo! Desafortunadamente, ya no somos aquello para lo cual fuimos creados.

La vida para la cual fuimos diseñados ha sido reemplazada por la muerte. Necesitamos desesperadamente entender cómo nos metimos en este lío para así poder entender cómo Dios pretende sacarnos de él. Este es el asunto que exploraremos en el siguiente capítulo.

- CUATRO -

¿Qué Nos Sucedió?

Dios tenía un plan increíble. Creó a los seres humanos como contenedores únicos para su vida. Nos diseñó para que encontráramos un significado y un sentido profundos en ese propósito, y para que experimentáramos la vida al máximo, pues estaríamos experimentando su propia vida en nosotros y a través de nosotros. ¡Este plan se interrumpió! Pero ¿quién se atrevería a interrumpir un plan tan glorioso? La humanidad misma. No podemos culpar a nadie más por esta interrupción.

Cuando Dios nos creó, hizo lo más amoroso que podría haber hecho al darnos libre albedrío. No habría sido algo amoroso crear un montón de robots. Los robots son incapaces de amar porque son incapaces de elegir, y sin elección, no hay amor. El amor consiste en elegir valorar a otro; es anteponer los intereses de alguien más a los nuestros.

La Opción de Amar

Dios le dio una sola advertencia a Adán: "Pero del árbol del conocimiento del bien y del mal no comerás [...]" (Génesis 2:17). Para que Adán pudiera amar verdaderamente a Dios, debía tener la opción de rechazarlo a Él y a sus deseos. Esta cosa tangible, esta única directriz, que prohibía el árbol del conocimiento del bien y del mal, era el medio por el cual Adán podía expresarle amor de regreso a Dios.

Se requieren tres cosas para que exista la experiencia del amor. En primer lugar, necesitamos un *amante*. En segundo lugar, necesitamos al *amado*, el que recibe amor. Por último, necesitamos la *manifestación* del amor. Esta manifestación pasará del amante al amado y viceversa. En esto consistía ese árbol del huerto: era un medio por el cual Adán (el amado) podía expresarle su amor a Dios (el amante).

Dios fue el amante original quien decidió manifestarle amor a la humanidad. Adán, como el receptor de amor, experimentó ese amor, pero luego tenía que decidir expresarle amor de regreso a Dios. Para que eso pudiera ocurrir, tenía que existir una prohibición, algo a lo cual él podría decirle que no para poder decirle que sí a Dios. Dios se arriesgó y nos amó lo suficiente como para darnos la elección de amarle a Él de vuelta.

Por favor, comprende que Dios no estaba amenazando a Adán cuando le dijo: "[...] el día que de él comas, ciertamente morirás" (Génesis 2:17). Simplemente estaba declarando la realidad a la que se enfrentaba Adán. Dios es la fuente de vida para toda su creación y, por tanto, el único en quien puede encontrarse una verdadera identidad y vida. Si Adán elegía buscar la vida (el contentamiento, el sentido, la seguridad) en cualquier otra cosa fuera de Dios, estaría alejándose de Dios y de Su vida. Como consecuencia natural, experimentaría la pérdida de la vida de Dios y, en su lugar, experimentaría lo opuesto a la vida: la muerte.

La Muerte de Adán y de la Humanidad

Reflexionemos sobre esa "muerte" por un momento. ¿Murió Adán de forma física ese día? Génesis nos dice que vivió durante cientos de años más, por lo que claramente no murió de forma física. ¿Quizás Adán murió en su alma, en su personalidad? ¿Se convirtió en un robot sin mente y sin emociones? No, porque de lo contrario, nosotros, sus descendientes, también seríamos robots. Si Adán no murió en su cuerpo ni en su alma, ¿cuál es la única opción que queda? Su espíritu; Adán murió en su espíritu. Perdió la vida que Dios le había dado y quedó separado de Dios.

Sin la vida *zoé* de Dios en su espíritu, Adán fue abandonado a los recursos de su propia vida *bíos*. Quedó vacío. Su espíritu murió para Dios, y se convirtió en un pecador. Esta realidad nos presenta la definición correcta de pecador.

Un pecador es alguien que se encuentra separado de Dios. La mayoría de la gente define al pecador como "alguien que peca". Según esa definición, alguien que ladra sería un perro, y alguien que maúlla sería un gato. El comportamiento no determina la identidad; el comportamiento *sigue* a la identidad. Un pecador es alguien que se encuentra separado de Dios y lo manifiesta en su comportamiento.

Cuando Adán hizo lo malo, se volvió malo: se convirtió en pecador. Esta idea es muy importante. El espíritu de Adán, aunque muerto para Dios, seguía muy vivo, pero estaba vivo para las cosas equivocadas. Su espíritu estaba vivo para el pecado, para sí mismo, y para la influencia del enemigo. Cuando Adán comió de la fruta, eligió conscientemente salirse del arreglo preexistente ordenado por Dios bajo el cual sus necesidades serían satisfechas en Dios. Más bien, Adán eligió confiar en su ingenio, en su fuerza y en su voluntad para generar vida para sí mismo. Rechazó la economía en la que recibiría de Dios y eligió, en su lugar, una economía en la que lograría las cosas por sí mismo. A partir de ese momento, se encontraba viviendo en contra de su diseño.

Recuerda, la tentación para Adán era comer de ese árbol para poder llegar a ser como Dios. Se convertiría en su propia fuente de vida y hallaría sentido en sí mismo. Para continuar con la ilustración del último capítulo, era como si Adán hubiese tomado su vaso (que ahora estaba boca abajo) y lo hubiese retirado del grifo de Dios. Todavía estaba vivo como hombre, pero estaba separado del diseño y del propósito que Dios había establecido para él.

Es posible que en este momento te sientas tentado a decir: "¡Pobre Adán!" y tendrías razón. Pero si realmente entiendes lo que enseña la Biblia, también deberías estar gritando: "¡Pobre de mí!", porque la historia de Adán es *nuestra* historia. La sensación de pérdida, la profunda y mordaz sensación de vacío y de falta de propósito que parece flotar sobre nosotros como una nube oscura, es un resultado de la elección de Adán.

"En Adán" vs. "En Cristo"

Quizás la frase teológica más importante que puedes aprender es una frase que se encuentra a lo largo de todo el Nuevo Testamento: "en Adán". Apropiate de esa frase, amigo mío, la verdad de esa frase te ha dominado durante gran parte de tu vida.

Cuando comparto esta frase y digo que es nuestra frase teológica más importante, a menudo escucho: "¡Espera un minuto, Frank! ¿No querrás decir "en Cristo"?". Bueno, no, no quiero decir eso. Nunca podremos comprender verdaderamente lo que significa estar *en Cristo* hasta que no comprendamos primero las implicaciones de estar *en Adán*. ¿Cómo puedes dar una respuesta si no conoces la pregunta? ¿Cómo puede un médico recetar un remedio sin antes hacer un diagnóstico?

La Iglesia proclama que Jesús es la respuesta, y, de hecho, lo es, pero ¿cuál es la pregunta? ¿Cuál es la necesidad? ¿Cuál es el dilema para el cual Jesús es la solución?

Estoy seguro de que has escuchado la historia de lo que le sucedió al pequeño Juanito un día en la escuela dominical. Era la época de Navidad y la maestra del pequeño Juanito estaba haciéndole algunas preguntas a la clase. "Que alguien me diga: ¿quien tiene una barba blanca larga, usa traje rojo, monta en trineo y deja regalos para los niños y las niñas?".

El pequeño Juanito levantó la mano. La maestra lo llamó, y él respondió: "Bueno, se oye como si fuera Papá Noél, ¡pero sé que la respuesta tiene que ser Jesús!".

¿No es así como son las cosas para los cristianos a veces? Si has asistido a la iglesia desde joven, seguramente has escuchado muchas veces que Jesús es la respuesta. Pero déjame preguntar de nuevo: ¿cuál es la pregunta? Primero debemos entender nuestro problema, y este se encuentra en la teología de "en Adán".

La Teología del "En"

La teología del "en" se describe mejor mediante una ilustración. Supongamos que tomo una fotografía y la pongo en un libro. A continuación, dejo ese libro en el suelo. ¿Dónde está la fotografía? Está en el suelo porque el libro está en el suelo, ¿verdad? Luego, tomo el libro y lo pongo en mi regazo. ¿Dónde está la fotografía ahora? Está en mi regazo, ¿verdad? Nunca toqué la fotografía, entonces, ¿cómo pasó del suelo a mi regazo? Fue transportada en el libro. Cuando recogí el libro del suelo y lo puse en mi regazo, también levanté la fotografía del suelo y la coloqué en mi regazo, pues la fotografía estaba en el libro.

Aprópiate de la realidad de lo que significa estar "en". Si estás en algo, lo que le suceda al objeto en el que estás también te sucederá a ti, porque estás en ese objeto. Esa es la teología del "en". La Biblia nos dice que estamos "en Adán". Lo que le ocurrió a Adán también nos ocurrió a nosotros. Romanos 5 explica esta idea con claridad.

Cuando Adán pecó, nosotros pecamos (Romanos 5:12). Cuando Adán murió, nosotros morimos (Romanos 5:12).

Cuando Adán fue condenado, nosotros fuimos condenados (5:18).

Cuando Adán se convirtió en pecador, nosotros nos convertimos en pecadores (Romanos 5:19).

1 Corintios 15:22 dice: "Así como en Adán todos mueren [...]", y Romanos 5:19 dice: "Así como por la desobediencia de un hombre muchos fueron constituidos pecadores [...]". Dios dice que esto nos sucedió cuando Adán pecó.

Entonces, ¿cuántos pecados tienes que cometer para ser pecador? *Ninguno*. Naciste pecador. Llegaste a este mundo condenado porque estás *en Adán*, porque pecaste en él (Romanos 5:12).

Fuiste condenado a muerte con él, lo cual aplica para todos. Todos los humanos llegamos a este mundo muertos espiritualmente. Llegamos separados de Dios, el único origen de la vida *zoé*, y sin nuestra identidad establecida por Dios. En Adán, somos como una brújula sin un verdadero norte. Somos como vasos invertidos y sin grifo. En Adán, somos incapaces de experimentar y de expresar la verdadera vida, la que viene de Dios.

En Adán, la sentencia de muerte pende sobre nosotros.

En Adán, la experiencia de la muerte está en nosotros.

En Adán, la manifestación de la muerte fluye a través de nosotros hacia los demás.

Detente por un momento y asimila estas frases cruciales. La ley universal determina que solo podemos dar a los demás lo que nosotros mismos poseemos. En Adán, separados de Dios, no poseemos la vida de Dios. Nadie la posee. No podemos darles vida a otros, ni podemos recibir vida de ellos. Entonces, ¿cuál es la solución? ¿Cómo podemos salir de este lío?

¿Qué necesita una persona muerta más que cualquier otra cosa? Vida. Desde que nacemos, emprendemos una búsqueda desesperada de sentido y propósito. Pero dado que estamos separados de Dios, dependemos únicamente de "nosotros mismos" para lograr este objetivo, y lo perseguimos con tenacidad. Ponemos en juego todos nuestros recursos para minimizar nuestras debilidades y sacar provecho de nuestras fortalezas, manipulamos nuestras circunstancias y las personas que nos rodean en un intento pobre para generar vida fuera de Dios, pero no podemos crear vida por nuestra cuenta, solo Dios puede producir ese tipo de vida.

Todos Anhelamos Lo Mismo

Esta realidad aleccionadora me llegó al corazón una noche mientras hablaba en una universidad sobre cómo conocer el amor de Dios. Tenía una carga especial en mi corazón por esos jóvenes y quería desesperadamente que entendieran lo especiales que eran para Dios. Mientras subía a la plataforma, dije: "Escuchen, jóvenes, les voy a hacer una pregunta. Y cuando lo haga, no quiero que me contesten. Quiero que piensen primero. Quiero que reflexionen. Quiero sus corazones. No quiero su jerga cristiana; no quiero las típicas respuestas cristianas".

Cuando estuve seguro de que estábamos todos en sintonía, les pregunté: "¿Qué quieren más que cualquier otra cosa?".

Pasaron unos treinta segundos. Una joven sentada junto a la pared levantó la mano y dijo: "Pastor Frank, más que nada en el mundo, quiero ser amada".

Otra estudiante levantó la mano y dijo: "Quiero que me acepten, no por lo que haga ni por mis logros, sino por lo que soy".

Había cabezas que asentían en toda la sala.

Luego se alzó una tercera voz, un joven que gritó desde atrás: "¡Quiero que mi vida tenga sentido, que mi vida cuente! Quiero que la gente sepa que estoy aquí, y cuando me vaya, quiero que la gente sepa que me he ido".

Escribí sus respuestas en una pizarra y esperé, pero la sala se había quedado en silencio. El silencio puede ser algo muy extraño en una sala llena de gente, pero resistí la tentación de romperlo. Todos los ojos estaban en esa pizarra. Todas las personas estaban leyendo y releyendo las declaraciones que había escrito. Después de un tiempo incómodamente largo, quedaba claro que nadie más tenía algo que agregarle a lo que ya se había dicho.

Había todo tipo de personas en esa sala –jóvenes y viejos, ricos y pobres, atractivos y sencillos, hombres y mujeres–, pero, despojados de las fachadas de la vida, todos eran iguales. Todos querían lo mismo. Todos querían ser amados, aceptados y tener un sentido. Todos querían que sus vidas importaran. Todos querían ser restaurados a su diseño y propósito originales. Todos querían encontrar lo que se había perdido en Adán. Todos buscaban la vida y una verdadera identidad que les diera sentido.

Estamos Perdidos

Todos nacimos en Adán, y, por lo tanto, todos estamos perdidos.

Ya no sabemos quiénes somos. Estamos desconectados de nuestra única fuente verdadera de satisfacción. Hay tantas personas cuyos corazones lloran de soledad. ¿Hay alguien por ahí que me amará? ¿Hay alguien por ahí que me aceptará? ¿Hay alguien que luchará por mí? No es solo experimentamos la muerte física en Adán, es una muerte espiritual, relacional y emocional que acecha a toda la humanidad.

Cuando Dios dijo que Adán moriría, ¡lo dijo en serio! La Biblia dice que somos como ovejas perdidas. ¿Por qué? Porque, como lo dijo Pablo, "en Adán todos mueren" (1 Corintios 15:22). Nuestro versículo central, Romanos 5:17, nos dice claramente que la muerte reinó por uno solo. Podríamos escribir tomos y tomos de libros sobre esta experiencia de muerte y sobre cómo se ha manifestado en la humanidad a lo largo de los siglos. Para los fines de este libro, nos enfocaremos en las dos cosas principales que perdimos en Adán.

En primer lugar, fuimos diseñados para obtener sentido de nuestro propósito ordenado por Dios como recipientes de Dios.

En segundo lugar, fuimos diseñados para experimentar la vida *zoé* de Dios en lo profundo de nuestros espíritus, para así poder experimentar esa vida de manera *personal* y manifestarla ante los demás de manera *relacional.*

Perdimos ambas cosas en Adán, y todos nos encontramos en una búsqueda desesperada para encontrarlas. Todos buscamos una identidad con sentido y todos buscamos una vida que nos satisfaga.

¿Cómo has buscado establecer una identidad única para ti? ¿Has buscado tu identidad en un trabajo o en un título universitario? Quizás te hayas identificado como atleta, maestro, abogado, conserje o ama de casa. Quizás te hayas identificado con algunas decisiones incorrectas que hayas tomado y te consideres un perdedor o un fracasado.

¿Y tu búsqueda de vida independientemente de Dios? ¿Cómo has intentado hacer eso? ¿Estás buscándola en relaciones importantes como la que tienes con tu cónyuge, con tus hijos, con un novio o una novia? O tal vez estés mirando tus posesiones y tu cuenta bancaria, o quizás estés buscando vida en actividades recreativas. Reflexiona, amigo mío. ¿Cómo has buscado generar y fabricar vida bajo tus propios términos, con tus propios recursos, sin Dios? ¿Te funciona? ¿Tu empeño te genera una vida que satisface los recovecos más profundos de tu alma? ¿O eres como Salomón en el Antiguo Testamento? Él intentó hallar vida en el dinero, en el poder, en el prestigio, en las relaciones, en la sexualidad y más. En Eclesiastés, dijo que todas sus búsquedas habían fracasado. A todo lo llamó "vanidad de vanidades" (Eclesiastés 1:2). Salomón, aunque lo intentó con mucha diligencia, no pudo encontrar nada que pudiera satisfacer su vida como sólo Dios podía hacerlo. Experimentó en su vida lo que dijimos anteriormente: el corazón humano, diseñado por Dios, únicamente descansará cuando descanse en Dios.

- CINCO -

Un Caso de Identidad Equivocada

En los dos capítulos anteriores, aprendimos sobre el increíble diseño que Dios tenía para nosotros. Desafortunadamente, decidimos seguir nuestro propio camino, lo que nos trajo muerte en lugar de la vida que esperábamos. Separados de Dios, la verdadera fuente de vida, ¿dónde podemos encontrar lo que buscamos?

Piensa en la gran mentira en la que hemos creído. El enemigo dijo: "El día que comáis de él [...] seréis como Dios" (Génesis 3:5). En el último capítulo, vimos que las personas buscan por su cuenta la vida que perdieron en Dios. Después de todo, a nuestros propios ojos, nos hemos vuelto iguales a Dios. Pero Adán no fue el único que comió ese día. También lo hizo Eva. A los ojos de Adán, Eva también llegó a ser como Dios. También se convirtió en una fuente de vida para Adán. Esto, amigo mío, es lo que la gente ha estado haciendo desde la caída. Buscamos que los demás satisfagan nuestras necesidades más importantes y haremos todo lo posible para que esas necesidades sean saciadas. Al hacerlo, hacemos lo que dice Romanos 1:25, le damos "culto a las criaturas antes que al Creador". Somos como garrapatas sin perro, tratando de succionarnos la vida los unos a los otros. Es más, si borramos la palabra *perro* y la reemplazamos por *Dios*, tendremos una frase aún más acertada. ¡Somos como garrapatas sin Dios, tratando de succionarnos la vida unos a otros cuando ni siquiera tenemos vida!

Soy un Dios en Recuperación

Creo que ninguno de nosotros comprende realmente lo perjudicados que hemos sido por esta mentira de que podemos ser como Dios. Realmente deberíamos dirigir las iglesias como si fueran programas de recuperación en doce pasos. "¡Hola, soy Frank y soy un aspirante a Dios en recuperación!". En ese momento, tú dirías: "¡Hola, Frank!", porque todos hemos llegado a reconocer este horrible sistema de creencias que nos ha diezmado.

Mucha gente discute conmigo sobre este punto. "¡Sé que no soy Dios! ¡No tengo complejo de Dios!". Quizás eres una de esas personas. Entonces, déjame hacerte algunas preguntas.

¿Sientes que tienes que ser fuerte?

La verdad es que no fuiste creado para ser fuerte. ¡Fuiste diseñado para depender de Aquel que es fuerte!

¿Sientes que debes tener todas las respuestas correctas?

No fuiste creado para tener todas las respuestas correctas. Fuiste diseñado para depender de Aquel que tiene todas las respuestas.

¿Sientes que debes estar en control?

No fuiste creado para estar en control. Fuiste diseñado para depender de Aquel que tiene el control.

¿Puedes ver nuestro problema? Ésta fue la única vez que el enemigo dijo la verdad. El día en que Adán comió de ese árbol, todos acogimos la convicción errónea de que nos habíamos hecho como Dios. Pensamos que nos habíamos vuelto fuertes y rectos, y que habíamos quedado al mando. Creemos erróneamente que podemos determinar nuestro propio sentido y crear vida fuera de Dios. Erróneamente llamamos *vida* a lo que generamos, mientras que la Biblia lo llama *muerte*, porque lo que generamos está así de alejado de lo que podríamos haber tenido en Dios.

La Búsqueda Desesperada de Sentido

Nuestro mundo caído experimenta la muerte de formas multifacéticas, pero aquí seguiremos enfocándonos en los dos aspectos principales de nuestro diseño que perdimos en Adán: nuestra identidad y una vida que satisface. Comencemos con la identidad, a la que podríamos llamar *nuestra búsqueda de sentido*, la necesidad desesperada que todos tenemos de ser únicos entre la masa de la humanidad.

Muchos buscaremos encontrar una identidad en nuestros *cuerpos*. ¿Cuál es el problema con esto? ¡Más nos vale que tengamos un buen cuerpo! Más nos vale que seamos bien proporcionados y guapos (y, sinceramente, ¡somos muy pocos los que cumplimos con eso!).

Pero ¿qué harás si no tienes ese gran cuerpo? ¿Qué pasa si eres bajo, flaco o gordo, o simplemente no tienes la suerte de lucir bien? ¿Qué tipo de identidad vas a tener entonces? Una identidad *negativa*. Cuando te mires al espejo, dirás cosas como: "¡Oh, soy tan feo! ¡Soy muy gordo! ¡Soy muy flaco!". Incluso podrías decir: "¡Me odio a mí mismo! ¿Por qué nací?".

El odio de sí es una epidemia entre una humanidad que buscan hallar vida fuera de Dios.

Esa es apenas una parte de nuestro problema. Nuestra propia voz no es la única que escucharemos si tenemos una identidad basada en nuestros cuerpos físicos. Escucharás esas palabras de todo tipo de personas bien intencionadas y no tan bien intencionadas: padres, niños en la escuela, publicidad. Es posible que hayas internalizado esos mensajes y que ahora los escuches en tu mente cuando te miras al espejo.

La peor parte es que, incluso si logras tener un gran cuerpo, ¿qué sucederá cuando comiences a envejecer? ¡Tu cuerpo se arrugará y se debilitará, y tu cabello se volverá gris o incluso se caerá! ¿Qué tipo de identidad tendrás entonces? ¿De qué clase de identidad podrás extraer sentido entonces?

Puedes intentar mantener *algo* de juventud. Tal vez termines contribuyendo grandes cantidades de dinero a las industrias multimillonarias de antienvejecimiento. O tal vez simplemente arrojes la toalla y te lamentes pensando en el pasado. ¿Ves el problema al que nos enfrentamos? Aunque haya personas en todo el mundo que busquen obtener sentido de sus cuerpos físicos, simplemente no es un buen lugar donde encontrar una identidad satisfactoria.

¿Qué tal encontrar nuestra identidad en el alma, en ese aspecto único de nuestro ser que alberga nuestra mente, nuestras emociones y nuestra voluntad? Si tu identidad está en tu mente, más te vale que seas inteligente. Será mejor que tengas la razón todo el tiempo. ¿Has conocido ese tipo de personas? Son personas que siempre tienen la razón y tienen que señalar lo equivocados que están los demás. No es divertido estar cerca de ellos, ya que luego de hacerlo uno se siente insuficiente.

Pero ¿qué pasa si te encuentras del otro lado del espectro? ¿Si crees que no eres muy inteligente? Podrías decir algo como "soy tan estúpido" o quizás "soy tan idiota". Esa no es una buena manera de afrontar la vida diaria, ¿verdad?

También podrías buscar tu identidad en tus emociones. Funciona muy bien cuando te sientes feliz, pero ¿qué pasa cuando te sientes como el más pecador, lleno de culpa y vergüenza? Estas personas dicen cosas como: "Estoy tan deprimido. Estoy solo y vacío. ¡Nadie se preocupa por mí ni me comprende!". Para aquellos que obtienen su sentido de identidad de sus emociones, la vida es una montaña rusa salvaje. Experimentan alturas maravillosas solo para descender hasta lo más profundo. ¿Y si terminaras casándote con alguien así? Todos los días llegarás a casa preguntándote qué persona te saludará: la que está en lo alto, sintiéndose bien en ese momento, o la que está en el pozo de la desesperación, lista para arrastrarte con ella. Dios ciertamente no nos diseñó así. No quería que buscáramos nuestra identidad en nuestras mentes o en nuestras emociones.

¿Y la *voluntad*? Muchas personas intentan encontrar un significado para sus vidas de esta manera. La voluntad es la que toma las decisiones, el centro del desempeño, la creadora de las acciones. Cuando tomo buenas decisiones y hago cosas buenas, tengo la sensación de que soy bueno. Sin embargo, el gran peligro de hacer el bien es que podemos empezar a creer en nuestra propia bondad y desarrollar una mentalidad de superioridad.

Es difícil estar cerca de gente tan orgullosa. Estoy seguro de que lo sabes por experiencia. Creen que son las únicas personas que hacen las cosas bien, lo que significa que todos los demás las hacemos mal. ¿Puedes escuchar sus voces? "¿No soy la persona más increíble que haya existido jamás?".

"Todo el mundo debería hacer las cosas como yo porque yo las hago bien". "Mi forma de hacer las cosas es la mejor". ¿Y qué hay del otro lado de esta ecuación? Es imposible tomar buenas elecciones todo el tiempo. Todos fallamos. Y cuando lo hagamos, todas esas buenas elecciones palidecerán hasta parecer insignificantes pues nuestro fracaso nos confrontará y nos perseguirá. ¿Puedes oír esas voces? "¡Soy un fracaso!". "¿Cómo pude hacer tal cosa?". "¿Cómo podría Dios amar a alguien como yo?".

Aunque las personas buscan darle sentido a sus vidas a través de sus almas, la verdad es que hacerlo nunca produce la gloria de nuestro sentido como contenedores de la vida de Dios y creados por Él. De seguro están logrando una identidad, pero no la identidad para la que fueron diseñadas.

Permíteme ofrecerte una ilustración sencilla. Puedo tomar un taladro, que fue diseñado para perforar, y usarlo como martillo. Después de un tiempo, podría clavar clavos con ese taladro con mucho éxito. El problema, sin embargo, es que el taladro no está funcionando según su diseño. Fue diseñado para perforar, no para martillar. Lo mismo sucede con nosotros: no importa cuál identidad podamos asegurarnos separados de Dios, no será *la identidad* para la que fuimos diseñados, e inevitablemente terminaremos luchando con sentimientos de insuficiencia e insignificancia, o de superioridad y arrogancia.

Lo mismo ocurre con el segundo aspecto de nuestro

diseño creado. La intención era que tuviéramos vida en nuestro interior que se manifestara en el exterior. Cuando morimos en Adán, perdimos esa vida *zoé* interior de Dios y, en su lugar, existe un gran vacío en nuestro espíritu.

Del Interior al Exterior

Desde el momento en que nacemos, nos lanzamos a una búsqueda de por vida para encontrar y experimentar la plenitud de la vida que perdimos, tratando de encontrar algo que llene nuestros vasos. Como ya no podemos experimentar la vida desde adentro hacia afuera, tenemos que buscar la vida desde afuera hacia adentro. Para hacer esto, como dijimos anteriormente, aprovechamos nuestras fortalezas y minimizamos nuestras debilidades. Pero no es más que un esfuerzo inútil para controlar y manipular nuestro entorno y así generar vida lejos de Dios.

El diseño inicial de Adán era como el de un aparato que podía enchufarse. Cuando yo era joven, tenía una radio eléctrica. Al conectar el cable de alimentación a la pared y encender el interruptor, reproducía música, tal como lo había diseñado su fabricante. Lo bueno de esa radio era que tenía un compartimento para pilas en la parte trasera. Esto era increíble, pues me permitía desconectar la radio y llevar la música conmigo, siempre y cuando las pilas estuvieran cargadas. Si las pilas estaban completamente cargadas, esa radio sonaba tan bien que nadie iba a pensar que su fuente de energía era limitada.

Cuando Adán pecó, nos desconectó a todos de la fuente de energía ilimitada de Dios, y, desde entonces, hemos estado funcionando con pilas. Algunos tenemos pilas que son potentes por naturaleza. Tenemos muchas habilidades naturales y pocas debilidades, y somos capaces de generar una vida que se ve realmente bien. Hay otros cuyas pilas no están a la altura de la demanda; tienen habilidades naturales limitadas o sus vidas exigen más de ellas y no pueden aguantar las demandas de vivir en este mundo caído.

Generalmente, la gente admira a las personas con "pilas potentes" que logran muchas cosas en la vida, y las considera excelentes ejemplos. Solo hay un problema: siguen funcionando con pilas, quizás potentes, pero siguen siendo sólo pilas. La vida que generan los individuos con pilas potentes no es la vida *zoé* de Dios y, con el tiempo, se agotará.

Intercambiar la vida que Dios nos ofrece por una vida basada en nuestros logros es como elegir usar dinero falsificado en lugar del dinero real. La vida falsificada no puede satisfacer porque nunca será la vida *zoé* que Dios quiere que experimentemos. Y, además, una vida falsificada te llevará finalmente a un mundo de problemas; es solo cuestión de tiempo.

La Carne

La Biblia define como *carne* esa búsqueda de sentido y de vida manufacturada. Yo digo que la carne es "el uso de nuestros recursos personales para controlar nuestro entorno y a las personas que nos rodean para generar vida y sentido desde afuera hacia adentro". La carne es el gran enemigo del Espíritu. Constantemente intenta falsificar la obra del Espíritu en nuestras vidas.

Como todos estamos en Adán, todos estamos separados del Espíritu y de la vida que solo Él puede darnos. Todos crecemos en la carne de manera predeterminada. Crecemos funcionando con pilas. La vida en la carne es tan natural para nosotros que no nos damos cuenta de lo incorrecta que es.

Piensa en el nacimiento de una bebita. Sus padres orgullosos la llevan a casa, y ella comienza a llorar. ¿Qué hace su mamá en respuesta? La levanta y la alimenta. ¿Qué acaba de aprender esa beba? "*Puedo llorar y satisfacer mis necesidades*". Y está bien para una bebé, pero me encuentro con muchos adultos que todavía usan este método para controlar a las personas que los rodean y generar sentimientos de valor.

Adelantémonos. La beba ha crecido un poco y una noche vuelve a llorar. Esta vez, sin embargo, su madre está ocupada preparando la cena, hablando por teléfono y cuidando a otros dos niños. ¿Qué podría hacer la pequeña si su madre no responde de inmediato a sus llantos? Un berrinche. Su mamá llega corriendo y con amor (pero con firmeza) disciplina a la niña. La niña registra esa información. "*Puedo llorar, pero no puedo hacer berrinches*".

¿Qué pasa si el berrinche funciona y la mamá cede? La niña piensa: "*¡Vaya, funcionó incluso mejor que el llanto! Definitivamente lo volveré a hacer*". Una vez más, esta información se almacena para ser utilizada en el futuro a fin de manipular su entorno y generar vida desde afuera hacia adentro según fuera necesario en cualquier circunstancia determinada.

Adelantémonos más y agreguemos algunos otros escenarios. Supongamos que la tía Sue se acerca a la pequeña y le dice en un tono amoroso: "¡Qué linda bebé!". Ella le regala una gran sonrisa a la tía Sue, y la tía Sue se ríe con alegría, afirmando este nuevo comportamiento. La pequeña aprende algo más: "*Puedo ser tierna y satisfacer mis necesidades*".

Unos años después, la niña trae a casa su libreta de calificaciones de la escuela. Obtuvo 10 en todo. Sus padres están encantados: "¡Cariño, qué gran trabajo! ¡Estamos muy orgullosos de ti!". ¿Qué aprende la niña? "*Cuando tengo un buen desempeño, recibo una recompensa*".

En la secundaria, saca 10 en todo, excepto en la clase de gimnasia en la que saca un 7. Su padre la regaña por ello, tal vez hasta le impone un castigo. ¿A qué conclusión podría llegar esta niña? "*Nada de lo que haga será lo suficientemente bueno*". O tal vez lo contrario: "¡*Necesito reventarme y esforzarme más!*".

Por favor, no me malinterpretes. La que acabo de describir es una vida absolutamente normal, no es intrínsecamente malvada de ninguna manera. No obstante, detrás de esa vida normal se forman sistemas de creencias, y el engañador influye activamente en nuestros sistemas de creencias. ¿Ves cómo funciona? Desde jóvenes, aprendemos a maximizar nuestras fortalezas y a minimizar nuestras debilidades para generar vida desde afuera hacia adentro y satisfacer nuestras necesidades fuera de Dios. Aprendimos a arreglárnoslas en un mundo roto. Aprendimos a trabajar para cambiar nuestro entorno. Aprendimos a manipular las circunstancias y a las personas, todo para construir una identidad con sentido y generar vida, la cual necesitamos desesperadamente.

La Carne Sensual

Comprendí realmente esta lección cuando mis hijos estaban pequeños. Mi hija de cuatro años estaba jugando en el patio trasero una mañana mientras yo hacía las tareas del hogar. Necesitaba ir a buscar algo rápido a la ferretería. Salí corriendo y dije: "Oye, cariño, ¿quieres ir a la tienda conmigo y comprar un helado de camino a casa?".

"¡Oh, papá, me encantaría hacer eso! Solo necesito entrar para buscar un vestido".

Me pregunté si tal vez ella me entendió mal. “Cariño, vamos a la ferretería. No tienes que ponerte un vestido”.

“No, papá –zapateó con su pequeño pie–, tengo que ponerme un vestido. ¡*Tengo* que ponerme un vestido!”.

Para estas alturas yo estaba confundido. “No, cariño, solo iremos a comprar *una* cosa a la ferretería”.

Ella comenzó a llorar. “Papá, no, *por favor*. ¡Tengo que ponerme un vestido!”.

Me arrodillé, miré a los ojos a esa niña angustiada y empapada en lágrimas, y le dije: “Cariño, ¿por qué tienes que ponerte un vestido?”.

Me miró con ojos llenos de lágrimas y pronunció unas palabras muy profundas. “Porque nadie dice que soy bonita a menos que lleve un vestido”.

Me quedé atónito, luego medité sobre ello. ¿Adónde iba un día a la semana con un bonito vestido? A la iglesia. ¡Esa gente desagradable de la iglesia había provocado esto! *Por supuesto, estoy bromeando*. Una vez a la semana, mi pequeña se vestía para ir a la iglesia. Todos la veían bien arreglada y le daban cumplidos inocentes por lo bonita que estaba. Pero después, cuando la veían durante la semana con su ropa de juego, nadie pensaba en decirle que era una niña bonita. ¿Ves lo que estaba sucediendo? Con los cumplidos inocentes que recibía al vestirse “bien”, estaba aprendiendo a satisfacer sus necesidades, independientemente de Dios, a través de su apariencia. No es algo que sucede intencionalmente, pero es una gran ilustración de cómo el enemigo influye sutilmente en nuestros procesos mentales en un mundo caído.

Mi pequeña estaba desarrollando lo que yo llamo "la carne sensual", la capacidad de usar su cuerpo para satisfacer sus necesidades. Necesitaba aclarar esa mentira en su vida; de lo contrario, al crecer, correría el riesgo de terminar en el asiento trasero del auto de algún joven persuasivo, intercambiando su cuerpo por la aceptación y el significado que le traerían sus palabras y su abrazo. Aunque podrían saciarla momentáneamente, nunca podrían saciarla en lo más profundo de su alma. Además, estaría pagando el alto precio que ese abrazo temporalmente satisfactorio extraería de su corazón en términos de la culpa, vergüenza y pérdida que experimentaría al usar su cuerpo de una manera pecaminosa para generar "vida".

Este ejemplo no se trata solo de mi niña viviendo en la carne. Se trata de tu hija pequeña, de tu hijo pequeño y de cada persona en este planeta. Se trata de ti.

Todos Tenemos Sed

Las personas necesitadas buscarán satisfacer sus necesidades, ¡y *todos* estamos necesitados! Así estamos diseñados. Estamos diseñados para "necesitar" la vida *zoé* de Dios para funcionar. Como perdimos esa vida *zoé*, buscamos vida desesperadamente en cualquier otro lugar que podamos.

Jesús aclaró esta idea en Juan 7:37, donde el Evangelio dice: "[...] Jesús se puso en pie y alzó la voz, diciendo: –Si alguien tiene sed, venga a mí y beba". ¿Qué sucede, amigo mío, si niegas tu sed o no puedes saciarla? Tendrás más sed. Te sentirás cada vez más desesperado por saciar esa sed, porque la sed no puede negarse ni ignorarse. La única forma de lidiar con la sed es acabar con ella. En este pasaje, Jesús proclama en voz alta que solo Él puede saciar la sed de vida en todos y cada uno de nosotros.

La carne es un intento nuestro de satisfacer nuestra sed de vida por fuera de Jesús. Si no tenemos éxito, nos desesperaremos cada vez más, incluso si lo que hacemos nos perjudica a nosotros mismos y a los demás. Cuando se trata de lidiar con la vida y con nuestros intentos de generar vida fuera de Dios, hay mucho en juego.

Todos usamos estrategias diferentes para extraer vida de nuestro entorno y de las personas en nuestras vidas. Todos usamos a los demás y somos utilizados a la vez. Nuestra existencia es realmente triste en comparación con el diseño original que nos dio Dios. ¿Es de extrañar que Dios llamara a esto *muerte*? ¡Está tan alejada de la vida que podríamos haber tenido!

- SEIS -

Funcionamos Con Pilas

Hemos analizado la carne, esa determinación innata que tenemos de conformarnos con una vida autogenerada en lugar de la vida *zoé* de Dios, y hemos comenzado a comprender cuán triste es nuestra existencia apartados de Él. Analicemos más esta realidad. Quizás puedas verte a ti mismo en los siguientes escenarios o puedas reconocer a tus familiares y amigos.

Pilas Débiles

Imagínate a una niña pequeña. Mamá y papá se pelean todo el tiempo y beben demasiado. Esta niña usa ropa y calzado heredado, mientras que los demás usan la ropa y el calzado más recientes y a la moda. No es muy popular en la escuela y tiene dificultades para desempeñarse bien académicamente. Esta pobre chica experimenta un conjunto de factores negativos para los que no fue diseñada. Fue diseñada para vivir en el huerto de Edén, no en este mundo roto. Tiene recursos limitados, su vida es dura y no está a la altura de las demandas de este mundo.

Mientras oleada tras oleada de decepción y frustración la golpean, sus emociones se disparan y suena la alarma, atravesándola con un pico de "sentimientos negativos". En su mundo, lleno de dolor y pérdida, rara vez se siente valorada o digna. No se siente amada, sino desesperada e impotente.

A medida que pasan las semanas, los meses y los años, comienzan a desarrollarse patrones de pensamiento. "*No me siento valiosa, así que debe ser cierto*". Ella se aferra a una visión distorsionada de sí misma. "*No soy más que un gusano inútil que ocupa espacio en este planeta*". Adopta una visión distorsionada de los demás. "*Tienen una buena vida. ¡Ojalá yo fuera como ellos!*". También adopta una visión distorsionada de Dios. "*Solo sé que a Dios no le agrado. Si yo fuera Dios, no me agradaría*". Al aferrarse a estas distorsiones, se manifiestan en la vida de esta niña como patrones. Estos mecanismos de afrontamiento varían de persona a persona, pero para esta joven, son la autocompasión, el escapismo y el retraimiento. Puedes ver por qué, ¿no? Está intentando controlar su mundo. Sus métodos son pasivos, pero son controladores igual. La vida es más segura y menos dolorosa cuando ella asume una actitud pasiva. En su mente, es mejor ser invisible y pasar desapercibida que arriesgarse al fracaso y al rechazo.

De vez en cuando puede exponerse para ganarse el favor

de los demás, pero en el fondo, esta joven está enojada. Su subconsciente está gritando: "*Fui diseñada para ser amada, ¡y no estoy siendo amada!*". Cada una de sus experiencias dolorosas subraya esta verdad. Fue creada para el Edén, pero ya no vive allí. En su lugar, está experimentando conflictos internos y frustración. Esta experiencia diaria tiene sus raíces en la culpa, en la vergüenza y en una sensación de soledad que la carcome.

Esta vida puede traducirse en problemas de salud relacionados con el estrés. Un amigo médico me indicó que aproximadamente el 70 por ciento de las enfermedades que trata son "psicosomáticas", dolencias físicas genuinas causadas por desórdenes del alma. Nuestros cuerpos y almas fueron diseñados para un huerto paradisíaco, y es obvio que este mundo no es tal. Cuando Dios dijo que Adán le había traído la muerte a la humanidad, ¡lo decía en serio!

Pilas Potentes

Miremos a un niño que creció en circunstancias muy diferentes. Mamá y papá son miembros de un club campestre exclusivo y tienen un matrimonio sólido. Siempre usa ropa a la moda. Se destaca en la escuela, es un atleta estrella y es elegido capitán del equipo de fútbol. Cuando sus emociones miran hacia el horizonte, se siente confiado, seguro y aceptado. En contraste con la joven de los párrafos anteriores, tiene muchos recursos, y su vida no le exige demasiado.

A medida que afronta la vida y encuentra el éxito, le resulta muy fácil desarrollar una identidad construida alrededor de su desempeño positivo. Sin embargo, la desafortunada realidad es que, mientras trabaja duro para desempeñarse bien, termina adoptando una visión distorsionada de sí mismo. "*Tengo muchas capacidades. Hago las cosas muy bien. ¡La gente debería hacer las cosas como yo porque las hago bien!*".

También adopta una visión distorsionada de los demás. "*Mira lo que hago. ¿No quieres ser como yo? Si yo fuera tú, querría ser yo. Quizás deberías esforzarte más*". Además, puede adoptar una visión distorsionada de Dios. "*¡Mira mis logros! Hago mucho por el reino de Dios y su gloria. ¡Debería estar feliz de que yo esté de su lado!*". A medida que sus logros sigan acumulándose, es probable que su carne adopte un tono cada vez más agudo de orgullo, justicia propia y crítica hacia los demás.

A primera vista, la carne de este joven con pilas potentes parece ser el polo opuesto a la carne con pilas débiles, pero, en el fondo, son exactamente iguales.

Podríamos mirar estos dos casos desde afuera y considerar que él es "exitoso" y ella es "fracasada". Estaríamos equivocados. Ambos viven vidas e identidades falsificadas y autogeneradas. Al intentar controlar a las personas y las circunstancias mientras se aprovechan de sus fortalezas y minimizan sus debilidades, ambos individuos están atrapados en un intento vano de experimentar vida sin Dios. La carne, débil o potente, "exitosa" o "fracasada", es un intento inútil de los humanos de encontrar y experimentar vida sin Dios.

Tus Pilas...

En el Nuevo Testamento, Jesús trató con innumerables personas, personas con pilas débiles y personas con pilas potentes. Los de pilas débiles luchaban mucho. Según la mayoría de los estándares, frecuentemente hacían las cosas mal. Eran pecadores, rameras y recaudadores de impuestos. Las vidas de estas personas eran impulsadas por sus sentimientos de culpa y de vergüenza. Tenían un problema y lo sabían.

¿Qué pasaba con los de las pilas potentes? En el tiempo de Jesús, estos eran los fariseos, los saduceos y los maestros de la ley. Llevaban una "buena" vida de acuerdo con sus propios estándares. Guardaban la ley, diezmaban, ofrecían sacrificios en el templo y eran increíblemente orgullosos y críticos. También tenían un problema, pero no lo sabían.

¿Cómo se desarrolló el contraste entre estos tipos de persona en la vida de Jesús? Bueno, la gente con pilas débiles siguió a Jesús y estuvo pendiente de cada una de sus palabras. Debido a su bajo desempeño, podían entender su gran necesidad. Estas personas rotas y vacías sabían que estaban mal y anhelaban un camino para ser enmendadas.

Por el contrario, la gente con pilas potentes peleó contra Jesús. Buscaron derribarlo y lo rechazaron a Él y a su mensaje de vida. Estaban cegados por su convicción de su propia bondad. En muchos sentidos, tenían una capa adicional de problemas. Tenían un problema y no podían ver lo mucho que necesitaban ser corregidos.

Sin embargo, y fundamentalmente, ningún tipo de pila funciona. Ambos intentos fallarán con el tiempo. Nuestra propia fuerza es insuficiente para sobrevivir al mundo caído en el que vivimos. Ambos tipos de pilas deben lograr entender su incapacidad de generar vida sin Dios.

¿Qué tipo de pilas tienes? ¿Eres del tipo que tiene pilas débiles o potentes? Si me has estado entendiendo, te darás cuenta de que tu respuesta realmente no importa. Ambos tipos de pilas son inútiles para crear la vida que Dios quiere para nosotros. Ninguno de los dos puede reproducir nuestra identidad como hijos de Dios en Cristo.

Mis Pilas...

La mayoría de personas mira mi rol como pastor, orador y consejero, y concluye que tengo pilas naturalmente potentes, que soy una persona programada positivamente y de alto rendimiento, pero está equivocada. Comencé como una persona con pilas débiles, lleno de inseguridad, culpa y vergüenza.

Crecí en un hogar de alcohólicos, con un padre abusivo física y emocionalmente. Yo era uno de los niños de menor estatura en la escuela y siempre me encontraba luchando para ser importante.

Alrededor de los trece años, me di cuenta de que podía correr bastante rápido y patear una pelota a una gran distancia. Me sumergí en el mundo del atletismo, lo cual me trajo popularidad y atención. En mi esfuerzo por manipular mis circunstancias y generar vida por fuera de Dios, me preocupaba por maximizar esas fortalezas mientras buscaba minimizar y ocultar mis debilidades. Lo hice tan bien que finalmente me convertí en presidente del cuerpo estudiantil del seminario.

Empecé con las pilas débiles y descubrí que no funcionaban. Entonces, a través del atletismo, ¡cargué mis pilas hasta un nivel completamente nuevo! Pero descubrí que ninguna de las opciones producía la vida profunda y satisfactoria que estaba buscando.

¿Es Posible la Restauración?

¿Hay alguna forma de encontrar y experimentar la vida *zoé* de Dios? ¿Podemos ser restaurados a nuestras verdaderas identidades como contenedores únicos de la vida de Dios? ¿Puede algo o alguien saciar completamente nuestra sed?

¡Absolutamente! Jesús dijo: "[...] Si alguien tiene sed, venga a mí y beba. [...] de su interior brotarán ríos de agua viva" (Juan 7:37-38). ¡Vaya! Jesús se ofreció a sí mismo como aquel que no solo nos restaurará a nuestra verdadera identidad, sino que también restaurará la vida *zoé* de Dios en lo profundo de nuestros espíritus para que podamos vivir de adentro hacia afuera.

Hasta este punto de nuestro recorrido juntos, hemos señalado minuciosamente nuestro problema: la muerte que todos experimentamos. Ahora es tiempo de descubrir la vida como Dios la diseñó. Me emociona mucho que te hayas aguantado todos los capítulos sobre la muerte y que estés dispuesto a recibir vida. Prepárate, amigo mío, pues Jesús dijo que "ríos de agua viva" fluirán a través de ti.

Parte 2

"Los que reciben el don de la justicia"

- SIETE -

Pensar Como Dios Piensa

Para poder salir del lío en el que nos metió Adán, tenemos que empezar a pensar como Dios. Este, amigo mío, es un gran desafío, especialmente porque la mente de Dios es infinita y la nuestra es finita. En el capítulo 5, analizamos la frase teológica fundamental "en Adán". Coincidimos en que, debido a que todos nacimos "en Adán", lo que le sucedió a Adán nos sucedió a nosotros. 1 Corintios 15:22 dice claramente que "en Adán todos mueren", y nuestro versículo central para este libro, Romanos 5:17, proclama que "por la transgresión de uno solo [Adán] reinó la muerte" y se extendió a todas las personas.

Piensa por un minuto en ese trágico evento. En el momento en que esos dos niños (Adán y Eva) pecaron, Dios podría haberlos aniquilado. Podría haber considerado que habían venido "mal de fábrica" y haber empezado de nuevo con una pareja nueva. En últimas, solo eran dos, y habría estado completamente justificado al hacerlo. Pero como es

Dios, no solo es justo, también es amor.

Amigo mío, "Dios es amor" (1 Juan 4:8). Aprópiate de la gloriosa realidad de estas palabras claves, la cual es capaz de transformar vidas. Mira que no dice que Dios *tiene* amor. Amigo mío, si Dios solo tuviera amor, podría llegar el momento en el que no tuviera amor y nos encontraríamos en verdaderos problemas. Él es amor, lo cual significa que nos ama, no por quienes somos, sino por quién es Él. El amor es una característica suya que no puede cambiar y que de hecho, nunca cambiará, sin importar lo que hagamos o dejemos de hacer. Dios amará. Punto.

Incluso la decisión de Adán y Eva de rebelarse contra Dios no cambió su amor por ellos ni su compromiso de ir tras ellos. Él se aseguraría de que la muerte no sería el final de la historia, ni para ellos ni para ti. Dios nos proporcionó una forma de salir de la muerte en Adán al ponernos en la vida en Cristo.

Estamos en Cristo

Veamos el resto del versículo anterior, 1 Corintios 15:22. "Así como en Adán todos mueren, también en Cristo todos serán vivificados". ¿No es genial? ¡Cualquiera que esté en Cristo por fe será vivificado! Observa cómo nuestro versículo central (Romanos 5:17) proclama esta gran noticia. "Porque si por la ofensa de uno reinó la muerte por aquel uno, *cuánto más* reinarán en vida los que reciben la abundancia de su gracia y la dádiva de la justicia mediante aquel uno: Jesucristo " (énfasis mío).

¿Ves las palabras resaltadas? *Cuánto más*. Sí, hay muerte en Adán, pero hay vida en Jesucristo. Mucha más vida en Jesucristo. ¿Cómo nos hacemos a esa vida? Bueno, primero notemos cuidadosamente lo que el versículo *no* dice.

¿Dice que los que diezman se hacen a esa vida? ¿Los que ayunan? ¿Los que oran? ¿Los que leen sus biblias? ¿Los que trabajan de voluntarios? ¿Los que trabajan duro? Que salga un "¡no!" rotundo de tus labios, amigo mío. El versículo dice claramente que ese *cuánto más* está disponible simplemente con recibirlo. ¡Sólo debemos abrir los brazos y agradecerle a Dios por lo que ha hecho por nosotros!

Observa que Romanos 5:17 habla de la "dádiva de la justicia". Lo que Dios nos ofrece es una dádiva, y una dádiva nunca puede ganarse, o deja de ser una dádiva. A muchos se nos hace difícil recibir. La mayoría preferiríamos estar del lado que da que del lado que recibe. Recibir nos humilla. Nos pica el orgullo recibir algo a cambio de nada. Lo que lo hace aún más difícil es que lo que Dios nos ofrece en Romanos 5:17 se originó en la mente misma de Dios. Lo que recibimos es de origen celestial y, por lo tanto, muy contrario a los caminos del mundo. Su dádiva es diametralmente opuesta a la forma en que normalmente hacemos las cosas los humanos.

¡Es demasiado fácil! ¡Suena demasiado bueno para ser

cierto! Hemos sido condicionados por este mundo caído para trabajar duro para conseguir las cosas. El concepto de recibir algo a cambio de nada no está en nuestro sistema, y no podemos entenderlo.

Entendiendo la Mente de Dios

Puede que yo no sea muy listo, pero aún si lo fuera, mi mente sería infinitamente menor a la mente de Dios. Por cierto, lo mismo se aplica para ti. Nuestras mentes no pueden entender el alcance y la maravilla de lo que Dios ha hecho por nosotros.

Esto significa que ningún ser humano puede enseñar esta verdad sin Dios, y ningún ser humano puede aprender esta verdad sin Dios. Cuando profundizamos en la mente de Dios, necesitamos más que nuestras mentes para percibir lo que Él nos dice.

La gloriosa noticia es que, en el momento en que pusimos nuestra fe en Jesús, Dios puso su Espíritu en nosotros como nuestro instructor personal. Su Espíritu nos enseñará quién es Él y qué ha hecho por nosotros. Su Espíritu nos ayudará a comprender el plan que su mente infinita creó para nosotros. A través de Él, podemos aferrarnos con confianza a lo que ha hecho para sacarnos de la muerte y llevarnos de regreso a su vida.

1 Corintios 2:9 dice: "Antes bien, como está escrito:

"Cosas que ojo no vio ni oído oyó ni han subido al corazón del hombre, son las que Dios ha preparado para los que lo aman"". ¡Ahí lo tienes! La gloria que Dios ha preparado para nosotros es tan asombrosa que nuestras mentes no pueden siquiera comenzar a comprender cuán gloriosa es. A primera vista, este versículo parece estar hablando de un cielo futuro, pero sigamos con el versículo 10: "Pero Dios nos las reveló a nosotros por el Espíritu [...]".

"Pero Dios"

Comencemos con esa primera expresión, una de mis expresiones favoritas de toda la Biblia: "Pero Dios". A Dios le gusta tomar situaciones difíciles, incluso imposibles, y darles la vuelta por completo. Empieza con algo negativo, luego agrega un *pero*, y nos ofrece algo tan positivo que eclipsa cualquier elemento negativo que podría aparecer en nuestro camino. Se deleita en agregarle un *pero Dios* a nuestra narrativa. Puede que no hayamos visto ni escuchado lo que Dios ha preparado para nosotros, y que ni siquiera lo podamos imaginar, "pero Dios nos las reveló a nosotros".

Las cosas imposibles se han hecho posibles porque Dios intervino e hizo algo maravilloso. Él "nos las reveló". ¿Notaste que la palabra *reveló* se encuentra en tiempo pasado, no en tiempo futuro? Dios *ya nos ha revelado* lo que ha hecho por nosotros. Si esto es cierto (y lo es), entonces Pablo no puede estar refiriéndose al cielo. Está señalando algo que poseemos aquí y ahora, lo cual plantea la pregunta: ¿cómo podemos aferrarnos a esto si nuestras mentes no pueden comprenderlo? La siguiente parte del versículo nos lo dice.

"Por el Espíritu"

Dios nos ha provisto de su propio Espíritu, quien es capaz de escudriñar todas las cosas, "aun lo profundo de Dios". ¿Cómo puede hacer eso? ¡Porque el Espíritu es Dios! Necesitamos a Dios para hablarnos de Dios. Este concepto es sencillo, pero profundo. Si realmente queremos conocer a Dios, quién es Él y qué ha hecho, debemos dejar que Él mismo nos lo diga.

Piénsalo de esta manera: si realmente quieres conocer a Frank Friedmann, no basta con que hables con otras personas; en realidad debes hablar conmigo. Lo mismo ocurre con Dios. Si otras personas nos hablan de Dios, existe la posibilidad de que no puedan describirlo plenamente. Peor aún, podrían distorsionar algunos aspectos de Él. La mejor persona para hablarnos de Dios es Dios mismo.

Continuando en 1 Corintios 2:11, Dios deja esto muy claro: "Porque ¿quién de entre los hombres conoce las cosas del hombre, sino el espíritu del hombre que está en él? [...]". La única manera de conocer los pensamientos de la mente de Frank Friedmann es que yo te los revele. Lo mismo pasa con Dios: Él es quien debe revelarnos sus pensamientos para que podamos conocerlos.

Pablo escribe en los versículos 11 y 12: "[...] Del mismo modo, nadie conoció las cosas de Dios, sino el Espíritu de Dios. Y nosotros no hemos recibido el espíritu del mundo, sino el Espíritu que proviene de Dios [...]". ¿Lo ves? Se nos dio el Espíritu Santo para que pudiéramos saber directamente de Dios mismo lo que Dios está pensando. ¿No es genial?

Ya los versículos 12 y 13 explican el glorioso propósito detrás de este plan: "[...] para que sepamos lo que Dios nos ha concedido. De estas cosas hablamos, no con palabras enseñadas por la sabiduría humana, sino con las que enseña el Espíritu, acomodando lo espiritual a lo espiritual".

Como lo señalamos en el capítulo 1, si deposito un millón de dólares a tu favor en un banco, pero nunca te lo digo, no te sirven de nada. Lo mismo sucede con Dios, quien ha hecho tanto por nosotros. Si nadie nos lo cuenta o si parece demasiado bueno para ser verdad, nunca sabremos, ni mucho menos creeremos, que es cierto, y nunca experimentaremos la gloriosa bondad de lo que Dios ha hecho por nosotros.

Dios nos dio al Espíritu para que pudiéramos ser enseñados por Él, no por humanos. ¡Esas son buenas noticias! Como escritor y orador, me libra de responsabilidad. No tengo que asegurarme de que entiendas lo que enseño. Como lector, ¡tú también estás libre de responsabilidad! Tampoco tienes que asegurarte de entenderlo. Es responsabilidad del Espíritu Santo asegurarse de que entendamos lo que Dios ha hecho. ¿No es un alivio?

"El Hombre Natural"

Pablo continúa en el versículo 14: "Pero el hombre natural no percibe las cosas que son del Espíritu de Dios, porque para él son locura; y no las puede entender, porque se han de discernir espiritualmente". Cuando Pablo dice "hombre natural", siempre asumí que se refería a los incrédulos, ya que están en contraposición con los creyentes, que son espirituales. Y tiene sentido, pero ahora creo que Pablo estaba apuntando a algo mucho más profundo.

Un "hombre natural" es cualquier persona que funciona de forma natural, que busca comprender a Dios con su mente natural, independientemente de la mente del Espíritu. Mira lo que se añade en los versículos 14 y 15: "Pero el hombre natural no percibe las cosas que son del Espíritu de Dios, porque para él son locura; y no las puede entender, porque se han de discernir espiritualmente. En cambio, el espiritual juzga todas las cosas [...]".

Es imposible que una persona que funcione con su propia mente entienda la gloria de Dios y lo que Él ha hecho. Necesitamos que el Espíritu nos lo diga de una manera que podamos entender.

Jesús les explicó esta misma realidad a los discípulos en Juan 14:25-26 cuando les dijo: "Os he *dicho* estas cosas estando con vosotros. Pero el Consolador, el Espíritu Santo, a quien el Padre enviará en mi nombre, él os enseñará todas las cosas y os recordará todo lo que yo os he *dicho*" (énfasis mío).

Lee esos versículos nuevamente, prestándoles mucha atención a las palabras que he enfatizado con letra itálica. ¿Qué estuvo haciendo Jesús con sus discípulos durante sus tres años de ministerio terrenal? Les estuvo enseñando, discipulando y entregando lo que necesitarían para vivir y anunciar las buenas nuevas del reino. Compartió con ellos continuamente durante tres años; sin embargo, en el versículo 25, dijo: "Os he *dicho* estas cosas [...]" (énfasis mío). ¿Por qué dijo "dicho" en lugar de "enseñado"? ¿No es fascinante? ¡Y lo hace de nuevo en el versículo 26! Dice: "[...] todo lo que yo os he *dicho*" en lugar de decir "todo lo que yo os he enseñado". ¡Lo hace dos veces para asegurarse de que no nos lo perdiéramos!

Ahora, aquí está la parte importante: "Pero el Consolador, el Espíritu Santo, a quien el Padre enviará en mi nombre, él os *enseñará* todas las cosas y os recordará todo lo que yo os he *dicho*". ¡Meditemos en eso! Jesús fue el maestro más grande que jamás ha existido, pero incluso él sabía que sin el Espíritu Santo (que aún no había sido enviado) no estaba produciéndose una enseñanza y un aprendizaje verdaderos, sólo había alguien que hablaba y otros que escuchaban. Una persona que funciona solo con los recursos de su mente natural, sin el poder del Espíritu Santo, nunca puede comprender verdaderamente las cosas de Dios.

Ser Fortalecidos

Vayamos a otro pasaje. En Efesios 3:16, Pablo ora por los creyentes de Éfeso: "Para que os dé, conforme a las riquezas de su gloria, el ser fortalecidos con poder en el hombre interior por su Espíritu". Reflexionemos sobre esa oración. Cuando oras pidiendo fuerzas, ¿cómo lo haces? Casi siempre pedimos fuerzas para hacer algo:

"Dame fuerzas para hacer tu voluntad".

"Dame fuerzas para ser paciente con mis hijos".

"Dame fuerzas para conducir mi auto con dominio propio". "Dame fuerzas para ser amable con mi esposo o esposa".

Parece que siempre oramos pidiendo fuerza para *hacer* cosas, pero Pablo nos ofrece una manera revolucionaria de orar. No pide poder para hacer algo, ora para que el Espíritu Santo les dé a los efesios el poder de *entender*. Mira estos versículos increíbles: "Que habite Cristo por la fe en vuestros corazones, a fin de que, arraigados y cimentados en amor, seáis plenamente capaces de *comprender* con todos los santos cuál sea la anchura, la longitud, la profundidad y la altura, y de *conocer* el amor de Cristo, que excede a todo conocimiento, para que seáis llenos de toda la plenitud de Dios" (Efesios 3:17-19; énfasis mío).

¿Lo viste? Pablo ora para que el poder del Espíritu Santo pueda atravesar nuestro pensamiento finito y así poder pensar como Dios piensa y entender lo que Dios entiende. Pablo ora para que el poder del Espíritu Santo nos abra los ojos para conocer la anchura, la longitud, la altura y la profundidad del amor de Dios en Cristo Jesús, para que seamos llenos de la plenitud de Dios.

¿Te das cuenta de lo que esto significa? Significa que no importa cuánto pienses que te ama Dios, Él te ama mucho más.

En este momento, es mi deseo que el Espíritu Santo atraviese tu pensamiento finito y te ayude a pensar como el Padre piensa. Así, te atreverás a creer lo que dicen las Escrituras sobre quién eres, a quién le perteneces y lo que posees en Cristo. ¡Oro para que el Padre te dé esa fortaleza!

- OCHO -

Perdonados de Todo

En la escuela primaria, secundaria y universitaria, durante toda nuestra vida, presentamos exámenes. Aunque no nos gusten, los exámenes son de mucho valor tanto para el maestro como para el alumno. Identifican lo que sabemos, pero también revelan lo que no sabemos, para que podamos llegar a conocerlo.

Entonces, ¿por qué nunca presentamos exámenes sobre nuestra fe cristiana? Si no hay exámenes, ¿cómo puede un pastor saber si su congregación está aprendiendo lo que él está enseñando? Hagamos un examen simple, de una sola pregunta. Escribe tu respuesta en el espacio dispuesto.

Pregunta: ¿Qué ocurrió en la cruz?

Si eres como la mayoría de los cristianos, probablemente respondiste que Jesús murió por nuestros pecados en la cruz. Esa respuesta es correcta, y es una respuesta maravillosa. Nos la han grabado en nuestras cabezas desde pequeños. Nuestros padres, maestros y líderes de la iglesia (quienes sin duda nos amaban con todo su corazón) querían desesperadamente que supiéramos que Jesús murió por nuestros pecados. Al hacerlo, abrió las puertas del cielo para que pudiéramos estar con Dios por toda la eternidad.

Veamos por qué Jesús tuvo que llevar a cabo este acto tan maravilloso por nosotros. En el principio estaba Dios, perfecto y santo. Hizo a Adán y a Eva, el primer hombre y la primera mujer, quienes vivieron juntos en el Edén, en un descanso perfecto, sólo ellos y Dios. No tenemos el contexto para saber cómo eran sus vidas. ¿Te imaginas a dos personas viviendo juntas sin que ninguna de las dos tenga motivos ocultos o un espíritu crítico? ¿Donde ninguna de las dos jamás intenta manipular o controlar a la otra? Así fue hasta el día en que Adán y Eva comieron del árbol prohibido.

Dios puso un árbol prohibido en el huerto y dijo: "Pero del árbol del conocimiento del bien y del mal no comerás, porque el día que de él comas, ciertamente morirás" (Génesis 2:17). Y todos sabemos lo que sucedió. Aunque habían sido hechos a su propia imagen, los hijos de Dios comieron de ese árbol y, tal como Dios les había dicho, murieron. Se convirtieron en pecadores, y la vida ya no transcurrió como Dios la había planeado.

Recuerda, amigo mío, que el árbol del cual comieron no solo se llamaba el árbol del conocimiento del mal, sino el árbol del conocimiento del bien y del mal. Piensa en eso por un momento.

¿Te das cuenta de que no debíamos conocer el bien o el mal, lo correcto o lo incorrecto? ¡Sólo conocemos el bien y el mal porque Adán comió del árbol equivocado! Se suponía que recibiríamos y transmitiríamos nuestra bondad por el hecho de conocer a Dios y estar en unión con Él.

En la iglesia, tendemos a enfatizar demasiado que el pecado consiste en hacer lo incorrecto. Pero lo que debemos comprender es que el hacer cosas buenas independientemente de Dios también es pecado. A Dios no le interesa nuestra bondad. Él quiere expresar su propia bondad a través de nosotros. Todo lo que podamos fabricar por nuestra cuenta es una imitación barata y endeble de la versión original. Por eso la Biblia dice que nuestra justicia no es más que un trapo de inmundicia (Isaías 64:6).

¿Ves qué tan urgidos de ayuda estamos? ¿Ves que nada de lo que podamos hacer por nuestra cuenta puede arreglar las cosas? Es hora de arrepentirnos, no solo de hacer el mal, sino también de hacer el bien. Es hora de buscar en Dios una solución para nuestra terrible situación.

La Respuesta de Dios

Felizmente, Dios nos ama con un amor tan grande que intervino para cambiar nuestra situación desesperada.

El poder del Espíritu Santo puso a Dios Hijo, Jesús, en una mujer llamada María. Por más que seguía siendo Dios, Jesús se humilló y se hizo humano para poder morir en una cruz. Al hacerlo, se convirtió en el Cordero de Dios, quien quitó nuestros pecados (1 Juan 3:5).

Aclaremos algo: Jesús no simplemente expió o "cubrió" nuestros pecados. Se los llevó todos. Quitó tanto nuestros pecados por hacer el mal como nuestros pecados por hacer el bien. Todos se han ido; ese pecado tan grave del 2002, los más leves del bachillerato, incluso los que vas a cometer la semana que viene. Se han ido.

De hecho, Dios alejó nuestros pecados tan "lejos [como está] el oriente del occidente" (Salmo 103:12). Si hubiera dicho que los alejó tan lejos como está el norte del sur, nuestros pecados potencialmente podrían acecharnos una y otra vez. La ubicación exacta de los polos norte y sur implican que un viaje hacia el norte en este planeta eventualmente se convertirá en un viaje hacia el sur. Sin embargo, no se puede cambiar de dirección cuando se viaja al este o al oeste. No hay polos este ni oeste. Viajar al oeste siempre será viajar al oeste, y viajar al este siempre será viajar al este. El este y el oeste no son ubicaciones, son destinos infinitamente separados, lo que significa que tu pecado está infinitamente separado de ti. ¿No es maravilloso?

Todos nuestros pecados se han ido para siempre. En Cristo, somos blancos como la nieve gracias a la sangre de

Jesucristo (Isaías 1:18).

¿Noticias Buenas o Noticias Grandiosas?

Cuando decimos que Jesús murió por nuestros pecados, es una verdad que vale la pena celebrar. Por eso el viejo escritor de himnos escribió: "¡Aleluya! ¡Qué Salvador!". El perdón del pecado es realmente una buena noticia. ¿Pero es suficientemente buena? ¿La entendemos correctamente? Si lo único que sucedió en la cruz fue que Jesús murió por nuestros pecados, todo lo que tenemos es un evangelio de justificación que nos garantiza un nuevo destino eterno. Básicamente, algún día podremos ir al cielo porque Jesús funciona como un seguro contra incendios, manteniéndonos fuera del infierno.

Hemos sido liberados del infierno, y esa es una buena noticia, pero ¿qué pasa con el infierno que experimentamos todos los días de nuestras vidas en este mundo caído? ¿Qué pasa con lo que está sucediendo en mi vida ahora mismo? Si el evangelio sólo consiste en que podremos ir al cielo algún día en un futuro lejano, ¿qué pasa mientras tanto? Mientras tanto, no será un tiempo de lo más agradable. ¡Pero hay más buenas noticias! Lo que Jesús hizo en la cruz va mucho más allá de simplemente perdonar nuestros pecados y librarnos del infierno.

Es hora de que entendamos e interioricemos la plenitud de lo que Jesús hizo en la cruz. En su muerte y resurrección, nuestro increíble Salvador no solo trató el síntoma al perdonarnos los pecados personales que hemos cometido. También trató el problema más grande: la enfermedad que teníamos como personas caídas, la cual dio origen a nuestros pecados.

Lo diré de esta manera: si te diagnosticaran cáncer y estuvieras con mucho dolor, ¿qué pensarías de un médico que sólo te administrara morfina? No sería un buen médico. Sólo estaría tratando el síntoma, no la enfermedad, y eventualmente experimentarías la muerte. Jesús no es apenas un buen médico. En el Nuevo Testamento, Él es el Gran Médico. No solo trató los síntomas (nuestros pecados), también trató lo que estaba causando el pecado. Curó el "cáncer": nuestra pecaminosidad inherente en Adán.

En el próximo capítulo, veremos exactamente cómo lo hizo.

- NUEVE -

¿Qué Más Ocurrió en la Cruz?

Conducía por la autopista interestatal 12 al sur de Luisiana. Tiendo a ir por el carril derecho ya que tengo un camión viejo. Mientras miraba hacia adelante, vi a una pata que salía del pantano a un lado de la carretera. Detrás de ella, una manada de pequeños patitos la seguían muy de cerca. Rápidamente se hizo evidente que mamá pato quería cruzar la interestatal. Caminaba hasta el asfalto, pero rápidamente se alejaba del borde cuando pasaba algún auto a gran velocidad. Con cautela, se acercaba de nuevo, pero pasaba otro auto a gran velocidad, y ella aleteaba hacia atrás, alejándose del borde de nuevo. Claramente, mamá pato no iba a renunciar a su deseo. ¡Era una pata tenaz!

Para mí era claro lo que sucedería. En algún momento iba a haber una brecha en el tráfico, y mamá pato llevaría a su familia del otro lado de la interestatal. A medida que el tráfico en sentido contrario avanzaba hacia ellos, no habría dónde escapar y toda la familia de patos sería golpeada y asesinada.

Me detuve lo más rápido que pude, esperé a que el tráfico se detuviera un momento y perseguí a toda la familia de patos por la autopista de regreso al pantano. Fui un héroe, ¡salvé a la familia de patos! Pero ellos tenían una visión diferente. Mamá pato estaba enojada, me graznó furiosamente todo el tiempo. Yo le estaba bloqueando su meta. Los patitos graznaban como locos, asustados por mi abrupta intrusión en sus vidas. Ni la madre ni los patitos entendían su desesperada situación y malinterpretaron mi intervención.

Comparto esta historia con ustedes porque este mismo escenario se desarrolla en el cuerpo de Cristo. Las personas tienden a enojarse o asustarse cuando escuchan lo que estoy a punto de compartir con ustedes en este capítulo, aunque sea tomado directamente de la Palabra del Padre.

Por favor, escúchame con atención. Mi objetivo es llevarte a un lugar seguro, tal como busqué llevar a esos patitos a un lugar seguro; quiero llevarte a Jesús. Quiero que comprendas cuán buenas son realmente las buenas noticias. Quiero que llegues a conocer a Jesús como posiblemente nunca lo hayas conocido antes.

Llegar a Entender

En 1989, después de toda una vida de luchas y de apagar mis emociones, me encontré en una oficina de consejería.

Durante una de mis sesiones, mi consejero me dijo: "Odiaría ser tus hijos". Yo estaba asombrado y furioso. *¿Acaba de decirme eso?*

"¡Esas son palabras de pelea! ¿Has hablado conmigo por dos o tres días y crees que me conoces? Intento con todo mi corazón ser un gran padre, ¡lo doy todo por mis bebés!".

"No estoy hablando de eso –respondió–. Me refiero al ejemplo que les das en la forma en que vives. Eres como una máquina. No eres un ser humano. ¿Cuándo fue la última vez que lloraste?".

Lo pensé y me di cuenta de que no había llorado en mucho tiempo. En ese momento, Dios comenzó una obra sobrenatural en mi vida. Quitó la tapa, y ya no pude controlar todos los sentimientos desagradables que se habían reprimido dentro de mí. Salieron y, mientras lo hacían, ¡sentía que me moría!

Durante aquel tiempo difícil de aceptar la realidad, un amigo me invitó a asistir a una conferencia de pastores. Dijo que sería algo bueno para mí. Seguí su consejo e invité a mi esposa a que asistiera conmigo. Justo en medio de una conferencia, Janet comenzó a llorar.

"¿Qué pasa?", le pregunté.

Se volvió hacia mí, las lágrimas corrían por sus mejillas. "¿No escuchas lo que están enseñando?".

"¡Yo enseño lo mismo que ellos!", dije con confianza.

"¡Oh, no, no lo haces!", respondió. Y a través de las

verdades que Janet aprendió en esa conferencia, comencé a ver un cambio tremendo en ella. Yo ya no lograba sacarla de casillas, y eso me molestaba muchísimo. Ella había sido liberada de mí y de las formas en que a menudo trataba de manipularla. Ella estaba experimentando una gran libertad, pero, a la vez, yo ya no me sentía muy amado por ella. Después de todo, su amor por mí estaba ligado a lo bien que ella cedía ante mi manipulación.

Un día me senté con ella y le dije: "¡Cariño, ya no me amas!".

"No, Frank, te amo más de lo que jamás te he amado. ¡Sencillamente no te necesito de la forma en que solía necesitarte!". Me dolió mucho escuchar eso, pero tuve que admitirme que me sentía celoso de lo que ella tenía.

Llamé a la gente de la conferencia y les dije: "Creo que me perdí de algo. Todo lo que le hicieron a mi esposa, háganmelo a mí". Regresé para recibir consejería personal con esos maestros, y el Padre me abrió los ojos a las verdades que voy a compartir con ustedes ahora.

Mi vida fue transformada por lo que aprendí, y he pasado los últimos treinta años compartiendo este mensaje con quien quiera escucharme. Mi esperanza es que el Padre abra los ojos de tu entendimiento tal como lo hizo con Janet y conmigo.

Estas son tan buenas noticias que no hay motivo para temer y ciertamente no hay razón para enojarse. Lo que Dios tiene para ti en este capítulo no es herejía ni falsa doctrina. Jesús mismo dijo: "Y conoceréis la verdad y la verdad os hará libres" (Juan 8:32). Dios tiene este glorioso propósito para todos sus hijos: que busquemos la verdad y, al encontrar la verdad, que experimentemos la libertad, que es nuestro derecho de nacimiento en Cristo.

Experimentar a Dios

Tanto en el Antiguo como en el Nuevo Testamento, la mente es clave para nuestra travesía de conocer y experimentar a Dios. Como lo dice Proverbios 23:7: "Porque cuales son sus pensamientos íntimos [los de un hombre], tal es él [...]". Con esto en mente, no te limites a *leer* conmigo, quiero que *reflexiones* conmigo. Debemos detenernos mientras leemos para asegurarnos de que la verdad entre en nuestras mentes y permanezca allí. Para ayudarte en este proceso, te animo a leer en voz alta, para que no solo veas, sino que también *escuches* lo que Dios dice en su Palabra.

Comencemos con Romanos 6:3. Pablo escribe: "¿O no sabéis [...]?". Detente ahí. Al leer esta pregunta, debes incorporar un poco de asombro mezclado con descontento en tu voz. Pablo estaba realmente preocupado; incluso conmocionado. Estaba diciendo: "¿Realmente no saben lo que voy a decirles?". En otras palabras: "¡Deberían saber esto, pero no lo saben!". Incluso hay una traducción que dice: "¿Ignoran que [...]?". Tal vez no seas ignorante, ¡pero yo sí ignoraba estas cosas!

Esta pequeña frase nos indica que lo que estamos a punto de leer son conceptos básicos, el abecedario, el 2+2=4, la base misma de nuestra fe. Lamentablemente, la iglesia en Roma no entendía estos conceptos básicos. Después de casi cuarenta años de ministerio, creo que la mayoría de los cristianos de hoy tampoco los entienden.

El versículo continúa: "¿O no sabéis que todos lo que hemos sido bautizados [...]?". Aquí también debemos detenernos. Creo que esta palabra, *bautizados*, ha contribuido a un problema general de comprensión. Cuando la mayoría de la gente lee la palabra *bautismo*, en lo primero que piensan es el agua. El bautismo por agua es parte tan integral de nuestra fe que es natural que pensemos en el agua. Lamentablemente, esa imagen nos distrae de lo que el apóstol Pablo quería desesperadamente que entendiéramos.

La palabra griega que usa el texto es *baptízo*. Es crucial que entendamos lo que realmente significa esta palabra. Cualquier concordancia griega te dirá que la esencia del significado de *baptízo* es "identificarse con" o "sumergirse en". Leamos este versículo de nuevo, pero sustituyamos "sumergidos en" por *bautizados* o *bautismo*, y veremos cómo cambia nuestra comprensión.

"¿O no sabéis que todos los que hemos sido *sumergidos* en Cristo Jesús, hemos sido *sumergidos* en su muerte?".

¿No es increíble? Recuerda, para Pablo, esto es algo básico, entonces claramente es importante. Pero ¿qué significa esto? Significa que cuando Jesús murió, nosotros morimos porque por fe estamos sumergidos en Él.

Sigamos leyendo el versículo 4. "Por tanto, hemos sido sepultados con Él por medio del bautismo para muerte[...]" (LBLA). La expresión *por tanto* nos dice que algo más sucedió porque morimos con Cristo. ¿Qué pasó? Fuimos sepultados con Él. Tiene sentido, ¿no? ¿Qué hacemos con los muertos? Los enterramos.

Las siguientes cuatro palabras del versículo 4, *a fin de que*, son fundamentales para comprender este pasaje. Morimos y fuimos sepultados con Jesús "a fin de que" se lograra un propósito glorioso en nuestras vidas. Fuimos sepultados con él "a fin de que como Cristo resucitó de entre los muertos por la gloria del Padre, así también nosotros andemos en novedad de vida" (LBLA). ¿Si lo ves? Si no, el versículo 5 te lo aclarará. "Si hemos sido unidos a Él en la semejanza de su muerte, ciertamente lo seremos también en la semejanza de su resurrección". ¡Ahí está! Morimos con Jesús en la cruz, *a fin de que* pudiéramos ser sepultados con Él, *a fin de que* pudiéramos resucitar con Él.

Al comienzo del capítulo 8, les pregunté qué había ocurrido en la cruz. Estuvimos de acuerdo en que la mayoría de la gente respondería: "Jesús murió por mis pecados". Ahora, Romanos 6:6 nos revela una segunda respuesta a esa pregunta, una que es igual de importante que entendamos: "nuestro viejo hombre fue crucificado juntamente con Él".

¿Recuerdas la teología del "en" del capítulo 4? Cuando estábamos *en Adán*, aprendimos que todo lo que le había sucedido a Adán nos sucedió también a nosotros porque estábamos "en Adán".

En Adán, perdimos la vida que Dios nos había proporcionado. Por eso no experimentamos ni manifestamos a Dios con la plenitud que Él pretendía. Por eso experimentamos la muerte de muchas maneras. Pero cuando vinimos a Jesús por fe, no sólo murió por nuestros pecados. En ese momento de fe, Dios nos sacó de Adán y nos puso "en Cristo", para que, asimismo, lo que le había sucedido a Jesús nos sucediera a nosotros. Morimos, fuimos sepultados y resucitamos en Él.

En Cristo

¡Estamos en Cristo! Por eso Pablo dijo en Gálatas 2:20, "con Cristo estoy juntamente crucificado". Por eso Colosenses 3:3 dice que hemos muerto, no que *tenemos* que morir, sino que ya *hemos* muerto. ¿No es glorioso?

Dios nos tomó siendo pecadores negativos, controladores, manipuladores, egoístas, arrogantes, orgullosos y envidiosos cuando estábamos "en Adán" y nos ejecutó "en Cristo" en la cruz. Luego, cuando Cristo fue sepultado, fuimos sepultados también. Cuando Jesús resucitó de entre los muertos, nosotros resucitamos de entre los muertos. ¡Ya hemos sido resucitado como nuevas creaciones de Dios!

Yo crecí en la iglesia. Tenía que ir todas las semanas. Independientemente de a qué iglesia fuera, siempre me enseñaban dos cosas acerca de la resurrección. Primero, Jesús se levantó de la tumba hace dos mil años. Segundo, mediante la fe en Él, un día yo me levantaría de la tumba cuando Jesús regresara por su Iglesia. ¡Glorioso! Pero nadie, absolutamente nadie, me enseñó que yo ya había sido resucitado. Nadie me dijo que yo ya tenía vida de resurrección en mí (Efesios 1:16-20).

Pablo me habría dicho: "Frank, ¿no sabes? ¿No sabes que en Cristo has muerto, has sido sepultado y has resucitado?". Al igual que a mí, a muchos creyentes nunca les enseñaron estas verdades.

Quiero que entiendas todo lo que el Nuevo Testamento declara sobre ti. Quiero que entiendas completamente, no solo lo que se ha hecho *por* ti, sino también lo que se te ha hecho a ti, para que puedas creer lo que Dios dice *de* ti. Así, al creer, podrás experimentar lo que crees y vivir en la libertad que te pertenece (Gálatas 5:1).

Nuestra Naturaleza Pecaminosa Desapareció

Desde que morimos con Cristo, nuestra naturaleza

pecaminosa desapareció. Cuando alguien dice: "Estoy luchando con mi vieja naturaleza", se equivoca. Esa persona no lucha con su vieja naturaleza; esa vieja naturaleza fue crucificada con Cristo. Lucha con el poder del pecado que habita en su carne.

Según Romanos 7:15-24, el pecado que mora en nosotros está en nosotros, pero no es quien somos. Es como tener una astilla. La astilla está en nosotros, pero no hace parte de nosotros, y puede infectarse y causar todo tipo de problemas. Así es con el poder del pecado. Mora en nosotros, pero no es quien somos, ¡y vaya que el poder del pecado puede causarnos problemas! Nos tienta a vivir como vivíamos antes. Nos llama a vivir en contra de lo que somos en Cristo. Pero Pablo tiene más buenas noticias para nosotros en el sexto capítulo de Romanos.

Libertad del Pecado

Al morir en la cruz, morimos al poder del pecado, y al resucitar en Cristo, fuimos vivificados para Dios (Romanos 6:11-14). Antes de ser creyente, no tenías más remedio que pecar. Era tan natural e inevitable como respirar.

Un joven me contó sobre su lucha con la pornografía. Describió la tentación como un peso aplastante y me contó cómo luchaba y resistía cuanto podía, pero por dentro sabía que su fracaso era inevitable. Para este joven, el pecado era un monstruo inexpugnable, y se sentía impotente ante él. Luego aprendió el mensaje del nuevo pacto. Aprendió que su vieja naturaleza había muerto con Cristo. Aprendió que la tentación no venía de él mismo, que no se originaba en las tinieblas de su yo pecaminoso, sino en el pecado que habitaba en él. Aprendió que, incluso cuando fallaba, no era menos amado o aceptado por su Padre. Aprendió que estaba libre de la ley de la pornografía.

Podrías pensar que este tipo tomaría lo aprendido y se entregaría sin límites a su tentación, pero no fue lo que sucedió. Su vida dio un giro. La vergüenza y la culpa que solían acecharlo sin piedad se disiparon. La tentación que parecía un gorila enojado de dos toneladas sentado en su pecho se marchitó. Dijo que se había convertido en algo "más parecido a un chihuahua molesto".

Cuando descubres que moriste con Cristo en la cruz, tienes el potencial de experimentar una increíble libertad del pecado. Sin embargo, esa libertad no es automática.

Existe una clave para aferrarse a esa libertad, y Pablo la afirma claramente en Romanos 6:11: "[...] consideraos muertos al pecado [...]". Tienes que *creer* que has muerto al pecado. Tienes que *creer* que eres una persona nueva. Tienes que *creer* que el pecado ya no es tu amo y que ya no tiene poder sobre ti.

Esta no es tarea fácil, te lo aseguro. Nuestros sentimientos, nuestras circunstancias y lo que se nos ha enseñado previamente nos van a gritar que no somos amados, que no somos justos, que tenemos una naturaleza pecaminosa. Cuando elijas creer en estas verdades, es muy probable que lo hagas en oposición directa a lo que sientes. De hecho, puede que tus sentimientos sean tan contrarios a estas verdades que tengas que apretar los dientes con determinación tenaz y optar por creer la verdad. De nuevo, tienes que *creer* que el pecado ya no es tu amo y que ya no tiene poder sobre ti.

Cuando pecas ahora, no lo haces porque la tentación sea demasiado fuerte, porque eres débil o porque el enemigo es demasiado poderoso. Cuando pecas, lo haces porque crees en las mentiras del enemigo. Estás eligiendo pecar. ¡Ay!

Confío en que hayas aceptado lo imperativo que es que entendamos lo que dice este pasaje. ¡No tienes dos naturalezas! No recibiste una nueva naturaleza además de la anterior. Tu antigua naturaleza murió con Cristo. ¡Ha sido enterrada de una vez por todas! Estas son las buenas noticias que Pablo deseaba desesperadamente que supiéramos. Como escribe más adelante en 2 Corintios 5:17, en Cristo "las cosas viejas pasaron; todas son hechas nuevas". Somos tan nuevos que 2 Corintios 5:21 nos dice que en Cristo nos hemos convertido en "justicia de Dios".

Hemos sido justificados por un propósito noble, específico y muy claro. ¡El Justo del universo anhela vivir dentro de nosotros y ahora lo puede hacer! ¡Esto, amigo mío, es lo que debemos saber! ¡Romanos 5:17 dice que este es "el don de la justicia" que Dios nos ha dado! ¡Estas realmente son buenas noticias!

Está Consumado

Independientemente de cómo nos sintamos, tú y yo poseemos el don de la justicia que Dios nos dio. Es un don porque no se puede ganar. Jesús dijo en la cruz: "¡Consumado es!" (Juan 19:30). ¿Sabes qué significa *consumado* es en el griego *tetelestai*? Significa "consumado es". Significa que no puede hacerse nada más para justificarnos.

Todo lo que nos queda es recibir el don de nuestra justicia. Aceptar lo que Dios dice y aferrarnos a lo que declara sobre nosotros. ¡Somos justos en Cristo! ¿Lo crees? Dios hizo por nosotros lo que nunca podríamos haber hecho por nosotros mismos. En la muerte y resurrección de Jesús, Él nos transformó de pecadores a santos. Nos sacó de la muerte y nos trajo a la vida.

Hace unos años, estaba enseñando esta gloriosa noticia en una conferencia cuando se me acercó un hombre mayor de aspecto distinguido que parecía muy perturbado. De hecho, no tuvo problemas para expresar su preocupación. "Frank –dijo con voz grave–, tengo un verdadero problema con lo que enseñaste hoy".

"Bueno –respondí–, me gustaría señalar que no tienes un problema con lo que yo enseñé, sino con lo que enseña la

Palabra de nuestro Padre. Entonces, ¿cuál es tu problema?".

"No puedo decir que soy la justicia de Dios".

"¿Por qué no? –le pregunté–. Dios dice que lo eres".

"Bueno –confesó–, porque sé cómo vivo".

Le dije: "Amigo mío, quiero que recuerdes que cuando la Biblia dice que eres justo, no se trata de tu comportamiento ni de cómo vives. ¡Se trata de tu identidad, de quién eres en Cristo! Es Dios mismo quien dice que eres la justicia de Dios. ¡Tu queja es hacia Él! Sé que es una lucha creer que personas como nosotros puedan ser justificadas, ¡pero tengo una lucha más grande que esa!".

"¿Cuál?", preguntó con ojos abiertos.

"¿Cómo pudo el perfecto Hijo de Dios convertirse en pecado? ¿No lo ves? Si el Dios viviente puede convertirse en pecado, tengo que creer que no es gran cosa para Él justificar nuestras tonterías".

Consideró mis palabras por un momento y dijo: "Nunca pensé en eso".

Amigo mío, es hora de que empecemos a pensar así. Es hora de que comencemos a pensar cómo piensa Dios respecto a quienes somos ahora que hemos sido puestos "en Cristo" por medio de la fe.

- DIEZ -

¡No Es Tan Bueno Para Ser Cierto!

Una de las cosas más difíciles de la vida es admitir cuando nos equivocamos. Nuestro tonto orgullo humano se interpone en el camino, y es difícil admitir que no sabíamos algo que se supone que debíamos saber. Esta dificultad se hace mayor por la mentira que nos dijeron en el huerto de Edén de que seríamos como Dios. Si soy como Dios, debería saberlo todo, pero admitir que no es así me hace sentir que valgo menos.

Este problema se multiplica cuando nos han enseñado algo durante años y descubrimos que no concuerda con lo que enseña la Biblia. Por muchos años, en la iglesia hubo maestros buenos y bien intencionados que me enseñaron que yo era pecador. Muy a menudo me lo decían con un agravante: no solo era un pecador, ¡era un *miserable* pecador! Me enseñaron que mi corazón era tremendamente perverso y engañoso más allá de todas las cosas. Dado que mi comportamiento defectuoso confirmaba estas enseñanzas con demasiada frecuencia, era fácil creer que eran ciertas.

Este combo de malas noticias, junto con mi comportamiento pecaminoso, hizo que fuera difícil que yo creyera la verdad de que Dios me había justificado en la muerte, sepultura y resurrección de Jesús. Aunque el Nuevo Testamento proclamaba que yo era santo, era mucho más fácil creer que era un pecador, salvado por la gracia. Sin embargo, continuar con esa creencia sería continuar en un evangelio incompleto. Jesús nos ha hecho justos, y debemos creer lo que Él dice, incluso si va en contra de lo que sentimos y de lo que nos han enseñado. Somos la "justicia de Dios en él" (2 Corintios 5:21).

Algo Anda Mal

He enseñado esta verdad a lo largo de los años, y he descubierto que no estoy solo en esta lucha por creer lo que Dios ha proclamado. Como dice la Escritura, se necesita tiempo para renovar la mente con la verdad en contra de los errores que hemos creído (Efesios 4:21-25).

Nunca olvidaré a una querida mujer que se acercó a verme después de que había terminado de enseñar que somos santos en Cristo y que ya no somos pecadores en Adán. Había pasado casi una hora repasando los pasajes que explicaban nuestra santidad, pero ella no podía aceptar lo que yo había demostrado era cierto desde la Palabra del

Padre.

"Frank Friedmann –dijo ella, con las manos en las caderas–, no me importa lo que digas. ¡Soy pecadora!".

Le sonreí. "Dulce dama, no tengo ninguna duda de que eso es lo que haces. Probablemente lo estés haciendo ahora mismo. Pero eso *no* es lo que eres. Y tu problema no es conmigo y con lo que dije, sino con lo que dice la Palabra de tu Padre".

Ella se alejó enojada y, después de pasar varios años retorciéndose bajo la enseñanza de la gracia de Dios y de nuestra justicia, finalmente abandonó la iglesia. Más tarde supe que, mientras se iba, le había dicho a uno de sus amigos: "No estoy de acuerdo con nada de lo que dice ese hombre, ¡pero tiene algo que no tengo yo, y eso no me gusta!".

Trágico, ¿no? Ella es un ejemplo clásico de lo que hemos estado hablando. Dios la había hecho justa. Ella ya tenía lo mismo que yo. Ella era una creyente, una hija de Dios, pero no sabía todo lo que poseía como creyente. ¡No sabía cuán *buenas* son realmente las buenas nuevas de Dios! Tenía la buena noticia de que había sido redimida y de que iría al cielo, pero no entendía que Dios, de una manera muy real, ya había puesto el cielo en su interior. Las viejas reglas, la economía del comportamiento y de los logros, ya no se aplicaban a ella. Ella había sido entregada a la economía del cielo: la economía del recibir. Por favor, entiéndelo, Dios tenía que justificarla, o de lo contrario Él, el Justo, no podría vivir dentro de ella.

¡No Es Demasiado Bueno Para Ser Cierto!

Suena demasiado bueno para ser verdad, pero es verdad. Entonces, antes de descubrir el segundo gran don que Dios nos ha dado, sería prudente repasar con qué frecuencia Dios afirma nuestra justicia en Cristo. En un pasaje tras otro del Nuevo Testamento, Dios proclama que en verdad somos justos en Cristo. Aparentemente, dado que lo dice tan a menudo, realmente quiere que lo creamos y actuemos como lo que realmente somos.

En Filipenses 3, el apóstol Pablo proclamó cómo llegamos a ser justos a los ojos de Dios. "Pero cuantas cosas eran para mí ganancia, las he estimado como pérdida por amor de Cristo. Y ciertamente, aun estimo todas las cosas como pérdida por la excelencia del conocimiento de Cristo Jesús, mi Señor [...]" (versículos 7-8).

Pongamos las palabras de Pablo en el contexto de todo el capítulo. ¿Cuáles son estas cosas que ya no tienen ningún valor para Pablo? En los versículos 3-5, Pablo ya había declarado que era fariseo, más hebreo que todos los hebreos y un celoso guardián de la ley. Pero al haber encontrado a Jesús, declaró que esas cosas ya no iban a ser el foco de su vida. Descubrió que la vida real se encontraba en conocer íntimamente a Cristo.

Pablo continúa en el versículo 8: "Y ciertamente, aun

estimo todas las cosas como pérdida por la excelencia del conocimiento de Cristo Jesús, mi Señor. Por amor a él lo he perdido todo y lo tengo por basura, para ganar a Cristo y ser hallado en él, no teniendo mi propia justicia, que se basa en la ley, sino la que se adquiere por la fe en Cristo, la justicia que procede de Dios y se basa en la fe" (Filipenses 3:8-9).

Pablo les dijo un "¡no!" rotundo a todas esas cosas que solía perseguir. No quería una justicia generada por sí mismo al intentar guardar la ley. Quería, más bien, poseer la justicia que ofrece Dios a través de la fe, la justicia que proviene de Dios hacia la humanidad simplemente porque tomamos la decisión de creer lo que Dios dice.

¿Recuerdas lo que le sucedió a Abraham en Génesis 15:6? Él "[...] creyó a Jehová y le fue contado por justicia". ¿Qué significa que le fue contado? Significa que Dios le dio justicia a Abraham como una dádiva cuando Abraham eligió aceptar lo que decía Dios.

Muchos conocemos Romanos 10:9 porque a menudo se usa para llevar a las personas a la fe. Probablemente tú también lo usas: "Si confiesas con tu boca que Jesús es el Señor y crees en tu corazón que Dios lo levantó de entre los muertos, serás salvo". ¡Qué glorioso! Dios hizo que fuera tan simple ser salvos de nuestros pecados. Si Dios quería que las personas llegaran a ser sus hijos, ¿por habría de hacerlo difícil?

Sin embargo, lamentablemente, no encuentro a mucha

gente que conoce el versículo siguiente. La gloria del nuevo pacto en Romanos 10:10 dice: "Porque con el corazón se cree para justicia". ¿Lo ves? Dios dice de forma inequívoca que alcanzamos una posición de justicia ante él cuando declaramos nuestra fe en Cristo.

¿Por qué tan pocos cristianos entienden que Dios los justificó? Creo que es porque la mayoría de las iglesias se enfocan en llevar a la gente al cielo, y no es que sea algo malo, pero es apenas una parte del plan de Dios. El plan de Dios también incluye justificar a su pueblo mediante la obra terminada de Cristo. Es grandioso ayudarles a las personas a entrar al cielo, pero es igualmente glorioso ayudar a las personas a entender que Dios ha puesto el cielo en ellos a través de Jesús, y que puede hacerlo porque nos ha constituido en su morada justa.

"¡No Sabía Que Era Tan Salvo!"

Un amigo estaba enseñando en una conferencia. Durante su sesión, compartió que todos hemos sido justificados. Después de que terminó, un caballero mayor se acercó al frente del salón para hablar con él. "Joven –le dijo –, he sido pastor durante 65 años y siempre supe que era salvo, ¡pero no sabía que era *tan* salvo!". Qué maravilloso que ese hombre se diera cuenta de la gloria de su justicia en Cristo.

Juan 16:8 es otro versículo que muchas personas

malinterpretan. Dice que cuando venga el Espíritu Santo, "convencerá al mundo de pecado". Muchos dejamos de leer el versículo 8 en este punto, ¡pero debemos entender el resto del versículo! "Y cuando él venga, convencerá al mundo de pecado, *de justicia y de juicio*" (énfasis mío).

¿Lo ves? El trabajo del Espíritu Santo no es solo convencer al mundo de pecado para que podamos llegar a Cristo, ¡su trabajo también es convencernos de nuestra justicia! Habita dentro de nosotros para convencernos de nuestra justicia.

¿Qué pasaría en la iglesia promedio si te levantaras y dijeras: "¡El Espíritu Santo me acaba de convencer de que soy un pecador!"? ¿Qué harían todos? Probablemente gritarían: "¡Aleluya!". Pero ¿qué pasaría si te pararas en la iglesia y dijeras: "¡El Espíritu Santo me acaba de convencer de que soy tan justo como Jesús!"? ¿Qué pasaría entonces? Posiblemente te acompañarían hasta la salida de la iglesia, aunque estés proclamando la verdad.

La Palabra del Padre declara lo que Jesús logró en su obra terminada. Somos justos. Fuimos justificados, y Dios nos da esa justicia como una dádiva.

Estás en el Cielo Ahora Mismo

Efesios 2:6 dice algo radical. Pero, como estarás comenzando a notar, ¡Dios hace cosas radicales por sus hijos! Dios "juntamente con él nos resucitó, y asimismo nos hizo sentar en los *lugares* celestiales con Cristo Jesús" (Efesios 2:6). Pablo dice "resucitó", en tiempo pasado. Eso significa que ya has resucitado. "Nos hizo sentar" también denota tiempo pasado. Estamos sentados en el cielo ahora mismo porque, como declara el versículo, estás en Cristo y Cristo está en el cielo. Por lo tanto, estás en el cielo con Él.

¿Lo creo? ¡Claro que sí, porque Dios dice que así es! ¿Lo entiendo? Claro que no. ¿Cómo puedo estar en el cielo mientras voy camino al cielo? Lo maravilloso para todos nosotros es que no tenemos que entender lo que sólo la mente de Dios puede entender. Lo único que debemos hacer es creer. ¿Te atreverás a creerle a Dios cuando dice que estás en Cristo?

¿Creerás que cuando Él fue crucificado, sepultado y resucitado, tú también fuiste crucificado, sepultado y resucitado? ¿Creerás que tu lugar en Cristo es tan real que estás sentado con Él en el cielo? ¿Por qué es tan importante creer lo que Dios dice aquí? Porque si Jesús está sentado a la diestra de Dios, ¡tú también! ¿Qué tan amado es Jesús a la diestra del Padre? Es completamente amado. Entonces, ¿qué tan amado eres tú? ¡Eres completamente amado!

¿Qué tan aceptado es Jesús a la diestra del Padre? Es perfectamente aceptado. Entonces, ¿qué tan aceptado eres tú? Eres perfectamente aceptado.

¿Qué importancia tiene Jesús a la diestra del Padre? Es increíblemente importante. Entonces, ¿qué tan importante eres tú? Eres increíblemente importante.

¿Cuán justo es Jesús a la diestra del Padre? Es perfecta, completa e irrevocablemente justo. Entonces, ¿qué tan justo eres tú? Eres perfecta, completa e irrevocablemente justo.

No hay nada que Jesús pueda hacer para que el Padre deje de amarlo. No hay nada que puedas hacer para que el Padre deje de amarte. No hay nada que Jesús pueda hacer para que el Padre lo ame más. Dios lo ama con plenitud. No hay nada que puedas hacer para que el Padre te ame más. Dios te ama con plenitud.

Las Promesas

¿Recuerdas que al principio del libro miramos cinco promesas hechas por Jesús? Repasémoslas.

"Venid a mí [...], y yo os haré descansar" (Mateo 11:28).

"[...] Yo he venido para que tengan vida, y para que la tengan en abundancia" (Juan 10:10).

"Y conoceréis la verdad y la verdad os hará libres" (Juan 8:32).

"[...] y vuestro gozo sea completo" (Juan 15:11).

"La paz os dejo [...]" (Juan 14:27).

¿Ahora entiendes por qué nos dio estas promesas? Iba a asegurarnos todas estas cosas en su crucifixión, resurrección y ascensión. En Él somos creaciones nuevas; somos justos, completamente amados, completamente perdonados, aceptados y adoptados en la familia de Dios como sus propios hijos. Si eres mujer, ya no eres hija de Eva, ¡eres hija de Dios! ¿Cómo se le dice a la hija de un rey? Se le dice princesa, y eso es lo que eres.

Si eres hombre, ya no eres hijo de Adán, ¡eres hijo de Dios! ¿Cómo le dices al hijo de un rey? Le dices príncipe, y eso es lo que eres. Jesús se refería a esta gloriosa realidad cuando nos prometió todas estas cosas maravillosas. Descanso. Vida abundante. Libertad. Gozo. Paz.

Me encantan esas dos últimas palabras de Jesús en la cruz cuando dijo "consumado es" (Juan 19:30). Su obra está terminada. Sus promesas se cumplieron. Sus dones han sido entregados. Al estar en Cristo, recibes automáticamente esos dones: el don de la justicia y el don de tu identidad inquebrantable como hijo o hija de Dios.

Eres un hijo o una hija de Dios. Eres un príncipe o una princesa de su reino. Recibe lo que Dios dice sobre ti, no importa lo increíble que suene, no importa lo inverosímil que parezca. Cree lo que Dios dice de ti.

Oro para que el Espíritu Santo abra tus ojos a la gloria de lo que Jesús logró en la cruz a tu favor y que te conceda entendimiento de todo lo que eres en Cristo.

Mujeres, creo que el Padre les diría algo así:

"*Hija mía, cuánto has crecido y qué hermosa eres, hecha a mi propia imagen. ¡Creciste justo como yo sabía que lo harías! Y quiero que sepas que estoy muy orgulloso de ti. Eres fuerte, capaz e importante en mí.* Ahora, *hija mía, has tomado algunas decisiones que no fueron muy buenas.* Pero *quiero que sepas que me ocupé de ellas con la sangre de mi* Hijo. *Son perdonadas.* Y *quiero que sepas que, aunque tú las recuerdes, yo no.* También *quiero que sepas que es hora de que dejes de recordarlas y te perdones.* Es *hora de que recibas tu identidad: eres mi hija, eres una princesa.* Quiero *que empieces a tratarte a ti misma como a una princesa, con dignidad, honor y respeto.* Quiero *que vivas como la princesa de la realeza que eres.* Recíbelo, *dulce niña.* Recibe *quien eres en la persona y obra de mi* Hijo, Jesús".

Hombres, creo que el Padre les diría algo como esto:

"Hijo *mío,* ¡cielos! *Ya no eres tan pequeño.* Eres *un hombre hecho a mi imagen; un príncipe, un guerrero como yo.* Y *estoy muy orgulloso de ti.* Eres *fuerte y valiente.* Quiero *que sepas, hijo, que creo en ti.* Has *tomado algunas decisiones que no están alineadas con tu identidad, pero me he ocupado de ellas en la cruz.* Ya *no las recuerdo y te desafío a que las olvides también.* No *definen quién eres.* Tu *adopción en mi familia define quién eres.* Necesito *que sepas que estoy muy orgulloso de ti.* Ahora *toma tu lanza, tu escudo, tu espada y tu casco, y camina valientemente por este mundo.* Necesitas *vivir como el príncipe que eres y pararte en este mundo como alguien completo en la persona y obra de mi* Hijo, Jesús".

Parte 3

"Los que reciben la abundancia de la gracia"

- ONCE -

Intercambiamos Recibir por Obtener

"Cómo definirías la gracia?".

"¿La gracia? Pues la gracia es la riqueza de Dios a expensas de Cristo".

"De acuerdo, pero ¿qué significa eso?".

"Es el favor inmerecido de Dios".

"Claro. Pero ¿qué *significa*?".

La mayoría no lo sabemos. La mayoría de la gente entiende esta gloriosa economía de la gracia que recibimos del cielo como poco más que una doctrina o, peor aún, como un cliché cristiano. Qué tragedia.

Solía creer que la Iglesia tenía una buena *teología* de la gracia, pero una mala *aplicación* de la gracia. Pensaba que la entendíamos, pero que no la aplicábamos muy bien. Sin embargo, después de ministrar a personas y a iglesias durante los últimos treinta y cinco años, ya no creo eso. Ahora estoy convencido de que la Iglesia tiene una comprensión deficiente de la gracia, y que por eso no la aplicamos muy bien.

La gracia de Dios debería maravillarnos, abrumarnos y hacernos saltar de gozo, proclamando cuán asombrosa y maravillosa es la bondad de Dios. Pero no entendemos su profundidad porque apenas hemos empezado a raspar la superficie de su gloria.

Al principio de mi travesía cristiana, llegué a entender las verdades que cubrimos en el capítulo anterior. Comprendí que había sido crucificado, enterrado y resucitado con Cristo en una nueva identidad, pero aún no entendía la gracia de Dios. Esta comprensión parcial me llevó a experimentar una libertad parcial. Claro, tenía una nueva identidad, pero seguía viviendo en una economía basada en el desempeño que volcaba toda la atención en mí. Mi vida estaba determinada por todo lo que *debía* hacer, pero no estaba a la altura.

Así que, siguiendo el impulso del Espíritu Santo, comencé un estudio de dos años sobre la gracia, profundizando en la Palabra del Padre y leyendo todos los libros que pudiera conseguir. Descubrí que *gracia* es un término que usamos para explicar cómo a nosotros, como pecadores, se nos permite entrar en el reino de Dios. La Escritura declara con mucha claridad que es por gracia que somos salvos (Efesios 2:8). A través de la gracia, el pecador encuentra el perdón y la salvación, ¡pero la gracia es mucho más grande!

Durante mis estudios, descubrí algo que me maravilló. No solo somos *salvos* por gracia, *vivimos* por gracia.

La gracia es lo que nos permite experimentar a Dios de una manera nueva y dinámica. Me di cuenta de lo que me faltaba. La gracia no es algo en lo cual elijo creer. La gracia es la forma en la que debo vivir.

La gracia y la ley son dos sistemas diametralmente opuestos que deben mantenerse completamente separados el uno del otro. Si le agregas gracia a la ley, el "terror sagrado" de la ley disminuye. Si le añades ley a la gracia, la gracia pierde su poder liberador. Nuestro error es que no separamos la ley de la gracia. Cuando las mezclamos, inconscientemente distorsionamos y destruimos el poder y el propósito de ambos sistemas.

Dios se esfuerza mucho para distinguir entre estos términos en el Nuevo Testamento. Gálatas 2:19, posiblemente uno de los versículos más poderosos (y olvidados) de la Biblia dice: "Yo por la Ley morí para la Ley, a fin de vivir para Dios". La forma de vivir para Dios *no* es siguiendo la ley. ¡Me alegro de que fuera Dios mismo quien hizo esta sorprendente declaración! El propósito de la ley era alejarnos de la ley y llevarnos de regreso al único que podía darnos vida.

Romanos 7:4 dice que morimos a la ley y que nuestra relación con la ley ha terminado para siempre, liberándonos para casarnos con Cristo, el que resucitó de entre los muertos. En unión con Él, finalmente podemos llevar "fruto para Dios". Estas pueden ser palabras desconocidas para ti. A demasiados cristianos se les ha enseñado que la manera de vivir para Dios es guardando la ley, pero guardar la ley nunca le traerá vida a nadie, porque solo Dios da vida.

El Segundo Don

En el capítulo anterior, vimos que recibimos el don de la justicia. Al estudiar este don, aprendimos que tu viejo yo desapareció cuando Jesús fue crucificado y sepultado, y una nueva versión de ti fue creada a partir de la resurrección. Hemos recibido una transformación divina en Cristo.

Hay un segundo don que debemos recibir. También hemos recibido la abundancia de la gracia. ¿Ves la palabra clave? Abundancia. Cuando se trata de la gracia, deberíamos experimentarla en abundancia. ¡La gracia debería estar en toda parte de tu vida! Juan dice que hemos recibido "gracia sobre gracia" (Juan 1:16). Sin embargo, ¿cómo se ve eso? El deseo del Padre es cambiar completamente la forma en que nos movemos en nuestra vida diaria. Yo lo llamo vivir en la "economía de la gracia". Es un camino completamente nuevo para la humanidad, un estilo de vida totalmente nuevo y glorioso para una versión de ti completamente nueva y gloriosa.

Esa es la abundancia de la gracia.

Si buscas caminar en la abundancia de la gracia, hay personas del cuerpo de Cristo que podrían acusarte de llevar la gracia al extremo. No luches contra esa acusación. Más bien recíbela con glorioso agradecimiento, pues es exactamente lo que la Biblia enseña. La gracia debe ser *abundante*.

Cuando juntamos estos dos dones, encontramos una clara relación de causa y efecto en Romanos 5:17. Si recibes tu identidad y recibes la gracia de Dios, reinarás "en vida". Y reinarás *ahora mismo*.

Peligrosos Malentendidos

Aquí hay varias oportunidades para caer en errores. Por ejemplo, si comprendes tu nueva identidad en Cristo, el don de ser justificado, pero no aceptas la gracia de Dios, te presionarás cada vez más para intentar alinear tu comportamiento con el don de la justicia que has recibido. Tu esfuerzo por estar siempre a la altura te agotará. Caí en esa trampa y puedo testificar personalmente que es una atadura. Por otro lado, si comprendes la economía de la gracia, pero no entiendes tu nueva identidad en Cristo, podrías pensar: "Estoy bajo la gracia. Soy libre. ¡Puedo hacer lo que yo quiera!". Te perderías parte clave de quién eres y te comportarías voluntariamente de forma opuesta a tu identidad en Cristo.

Finalmente, podrías no entender ni la gracia ni tu identidad. Si este es tu caso, creerás que sigues siendo pecador y estarás atrapado en un estilo de vida en el que constantemente intentas corregir tu comportamiento utilizando tus propios recursos. Estarás tratando de hacer por ti mismo lo que sólo Dios puede hacer y ya ha hecho por ti.

Amigo mío, tú y yo debemos aceptar, creer y comprender tanto nuestra identidad justificada en Cristo como la gracia de Dios. Así, caminaremos en la libertad de ser quienes somos y realmente reinaremos en esta vida como hijos de Dios, ¡como hijos e hijas del Rey de reyes!

La Comunión de Adán con Dios

Como lo vimos en los primeros capítulos de este libro, Dios nos creó como vasijas de barro. Fuimos diseñados para ser manifestaciones únicas del Dios invisible ante el mundo visible. Como un gran grifo, Él se derrama en nosotros y nos llena con su vida hasta rebosar. Así es Dios. Siempre está buscando bendecir y nos diseñó para que fuésemos los receptores de todo lo que Él es.

En esta economía gloriosa provista por Dios, hemos recibido dos realidades increíbles. Primero, tenemos una identidad importante como contenedores de Dios. El Dios invisible del universo nos constituyó en su morada para que pudiéramos manifestarlo a Él. En segundo lugar, al contenerlo, podemos tomar vida de Él. Experimentamos a Dios personalmente y lo expresamos relacionalmente. Volvamos a Génesis y reflexionemos sobre la increíble existencia de Adán.

Adán fue creado a la mitad del sexto día. Su primer día completo de existencia fue el séptimo día, el día de descanso. Piensa en eso por un momento. ¿Qué tuvo que hacer Adán para disfrutar de todo lo que Dios había hecho? Nada, solo tenía que recibirlo.

En el octavo día, Adán salió a trabajar para cuidar del jardín como Dios le había dicho. Sin embargo, debes entender que Adán no trabajaba para obtener nada; ya lo tenía todo. Entonces, ¿por qué iba a trabajar? Porque había sido creado a la imagen de Dios, y Dios trabaja.

Colosenses 1:16-17 describe a Dios trabajando. Allí, Pablo nos dice que Dios está trabajando para que todas las cosas subsistan. Si decidiera tomarse un día libre, el universo entero estallaría en pedazos y todo volvería a ser polvo microscópico. Dios hace que todas las cosas subsistan. Entonces, así como Dios trabaja, nosotros trabajamos, pero no estamos trabajando para obtener algo. No, debemos trabajar desde una posición de descanso perpetuo, habiendo recibido ya todo lo que necesitamos. Adán trabajaba porque el trabajo es un aspecto fundamental de haber sido creado a la imagen de Dios.

La vida de Adán y Eva era maravillosa. Dios se les ofreció como fuente constante de amor, misericordia, gracia y bendición. Caminaban con Dios, ejercían el dominio que Dios les había dado sobre la creación, y cultivaban y cuidaban del huerto. Dios afirmó esta existencia dinámica al declarar que todo "era bueno en gran manera", y que no era necesario hacer nada más.

La Elección

Adán podía elegir. Dios puso dos árboles en el huerto: el árbol de la vida (del que podía comer libremente) y el árbol del conocimiento del bien y del mal (el cual debía evitar a toda costa). ¿Recuerdas lo que aprendimos en el capítulo 8? La humanidad no estaba destinada a conocer el bien y el mal. No estábamos destinados a conocer la ley, mucho menos a vivir regidos por ella. Nuestra única responsabilidad era conocer a Dios y tomar vida de Él.

Amigo mío, no había nada místico en el árbol del conocimiento del bien y del mal. Era simplemente el árbol de la elección. Era el medio por el cual la pareja feliz podía expresarle su amor de regreso a Dios. Al decirle no al árbol, le decían que sí a Dios. Esto es exactamente lo que sucede en el matrimonio. Al darle el sí a mi esposa Janet, también le estaba diciendo que no a todas las demás mujeres del planeta. Cuando Janet me dio el sí, le dijo que no a todos los demás hombres.

El tentador apareció en forma de serpiente y le ofreció a Adán la oportunidad de establecer su propia identidad, ser como Dios y obtener las cosas por sí mismo en lugar de recibirlas de Dios. Adán le dio la espalda a Dios, le dio la espalda al amor y cobró vida para sí. Antes de esto, la vida de Adán se había tratado de Alguien: de la Persona de Dios. Hasta ese momento, la vida de Adán había fluido desde una relación significativa con Dios. Pero ahora su vida se trataba de un método, de un qué y de un cómo.

¿*Qué* es lo correcto y *cómo* lo hago?

¿*Qué* es lo incorrecto y *cómo* lo evito?

Antes de caer en la ley, Adán recibía de Dios, ahora tenía que lograr las cosas por sí mismo. La vida, si es que se la puede llamar así, pasó de la simplicidad a la complejidad. En lugar de una Persona en quien confiar, ahora había principios que cumplir y reglas que seguir. Adán desechó la provisión de Dios para adquirir las cosas por sus propios medios. Le dio la espalda a Dios como su fuente y optó, más bien, por mendigar los escasos recursos que pudiera reunir por su cuenta.

La Elección de Adán Influyó en Toda la Humanidad

Muchos creen erróneamente que recibimos la ley en el monte Sinaí cuando Dios le entregó los Diez Mandamientos a la nación de Israel, pero, en realidad, la ley como sistema comenzó en el huerto de Edén. Cuando Adán decidió vivir bajo la ley, tuvo un impacto en todos nosotros. Como ya lo hemos visto, todo ser humano estaba "en Adán"; por lo tanto, el mundo entero fue sumergido en esa economía de la ley.

Todas las personas nacen buscando trabajar para y obtener su propia bondad. En Romanos 2, Pablo nos dice que los gentiles que no tienen la ley demuestran que la ley se encuentra escrita en sus corazones pues su conciencia los aprueba o condena (Romanos 2:14-15). Todos saben en su corazón lo que está bien y lo que está mal. Es por esto que, en Romanos 3:19, Pablo dice que bajo la ley toda boca se cierra y todos quedan bajo el juicio de Dios. Ya lo he dicho, pero vale la pena repetirlo: todos nacemos bajo la economía de la ley.

¿Qué Ocurrió en el Monte Sinaí?

En Éxodo 20, leemos cómo los israelitas, por la gracia de Dios, recibieron una revelación especial de la ley y de lo terribles que son realmente sus demandas. Al entregarles a los judíos los Diez Mandamientos y el sistema de sacrificios, Dios estaba sentando las bases para la venida del Mesías. El derramamiento constante de la sangre de los corderos en el sistema de sacrificios presagiaba la llegada de Jesús, el Cordero perfecto y definitivo de Dios. Este era el propósito principal de la ley mosaica: apuntar a los judíos hacia el Mesías venidero quien ofrecería Su sangre para redimirlos.

La gente no iba a llegar a este propósito si no sabía que lo necesitaba. Este es otro objetivo de la ley. Al darles los Diez

Mandamientos a los judíos, Dios los estaba ayudando en su propia travesía bajo la ley, con el único fin de demostrarles su incapacidad para guardarla.

Cumplir la ley significaba cumplir cada ley individual, todo el tiempo. Dios mismo les dijo esto en Deuteronomio 12:32: "Cuidarás de hacer todo lo que yo te mando; no añadirás a ello, ni de ello quitarás". Mientras los israelitas intentaban guardar la ley pero fracasaban, el deseo de Dios era que llegaran a la conclusión ineludible de que la ley no podía darles vida. Ellos, a su vez, iban a tener que ayudarles a todas las naciones a llegar a esta misma revelación.

Aprópiate de esta realidad, amigo mío: Dios no eligió la ley para la humanidad. La ley, la economía del desempeño, no era lo que Dios quería para sus hijos. La ley fue nuestra elección en Adán. Cuando Dios le dio los Diez Mandamientos a Moisés, simplemente le estaba revelando a todo el mundo, a través de la nación de Israel, que Adán había tomado una muy mala decisión. Esa decisión nos llevó a todos al reino de la muerte.

- DOCE -

El Verdadero Propósito de la Ley

Hemos aprendido que, desde Adán hasta Moisés, la humanidad intentaba ser como Dios. Entonces Dios, en su maravillosa gracia, dejó caer la pesada carga de la ley en el regazo de Israel. Era como si Dios les estuviera diciendo: "¿Quieren ser como yo? ¡Esto es lo que deben hacer! ¡Hagan su mayor esfuerzo!".

A través de la ley, los judíos recibieron un objetivo concreto hacia el cual apuntar en su búsqueda de ser como Dios. Solo había un problema: no podían hacerlo. La ley se izaba ante ellos como un megáfono gigante que anunciaba su incapacidad y fracaso. La ley los guardó contra la falsa esperanza de que, algún día, si se esforzaban lo suficiente, iban a poder ser como Dios.

La ley era como mirarse en un espejo que los llamaba a ser lo que nunca podrían ser. "No robes, no mates, no codicies". No sé si alguna vez has pensado en esto, pero la ley es simplemente amor expresado en sentido negativo. El amor era lo *único* que no podían hacer sin que la fuente del amor viviera en ellos. Estaban separados de Dios, el único que es amor (1 Juan 4:8).

Como todos nacemos bajo la economía de la ley a través del pecado de Adán, todos estamos bajo el llamado a amar, pero ninguno puede lograrlo. No importa cuánto nos esforcemos, no podemos atravesar el filtro de la ley porque no podemos amar independientemente de la fuente del amor. Como dice Gálatas 3:22, todos estamos encerrados bajo el pecado, bajo la ley de intentar amar como Dios. A menudo, nuestro esfuerzo se intensifica apenas alguien menciona a Dios, como lo evidencia la siguiente historia.

Intentar Amar

Un buen amigo, Malcolm, me contó sobre un encuentro que tuvo en la ciudad de Nueva York donde había estado predicando durante un par de días. Durante un descanso, salió a caminar y se encontró con un hombre en situación de calle. Se sentó a su lado y tuvieron una agradable conversación. Hablaron de política, de la ciudad y, por supuesto, de los Yankees.

Después de unos cuarenta y cinco minutos de charla, el hombre miró a Malcolm y le dijo: "Por cierto, ¿a qué te dedicas?".

"Soy maestro de la Biblia", respondió Malcolm.

Sin detenerse un segundo, el hombre dijo: "Quiero que sepas que comparto mi whisky con los otros muchachos de la calle".

¿No es interesante? Justo en medio de una conversación agradable, tan pronto como la discusión mencionó a Dios, la ley saltó a la vista: "Soy una buena persona. Comparto mi whisky". Tú y yo tenemos mucho en común con este tipo. Todos nacimos bajo la ley y, por ende, tenemos el impulso innato de enfocarnos en nuestro desempeño. Lo intentamos. Nos esforzamos con todo nuestro corazón por ser buenos y no malos. En otras palabras, estamos intentando amar como Dios.

Por esto es que debemos aprender el propósito de la ley que Dios le dio a Israel en el monte Sinaí. Cuando Dios entregó los Diez Mandamientos, dijo: "Cuidarás de hacer todo lo que yo te mando; no añadirás a ello, ni de ello quitarás" (Deuteronomio 12:32). Este versículo significa que tenemos que guardar todos los mandamientos. Por esto, Pablo dice en Gálatas que en realidad es una maldición cumplir la ley (Gálatas 3:10), ¡porque nadie puede hacerlo! Jesús dijo: "Sed, pues, vosotros perfectos, como vuestro Padre que está en los cielos es perfecto" (Mateo 5:48).

Cuando Dios les dio los Diez Mandamientos a los judíos, no le interesaba produjeran una imitación barata de Su maravillosa y amorosa vida. Tenía un propósito muy diferente en mente. Quería usar la ley para demostrarles que no podían cumplirla.

Vayamos a 2 Corintios 3:5: "No es que nos consideremos competentes en nosotros mismos. Nuestra capacidad viene de Dios" (NVI). ¡Qué revelación para nuestros corazones! No hay nada en nosotros que sea adecuado, nada que sea capaz, nada que sea suficiente. Para poder ser competentes, debemos encontrar esa capacidad en una fuente distinta a nosotros.

La buena noticia es que Dios mismo nos ha hecho competentes. El versículo 6 nos dice cómo lo hizo: "para ser servidores de un nuevo pacto, no el de la letra, sino el del Espíritu; porque la letra mata, pero el Espíritu da vida" (NVI). Dios no nos capacitó mediante la ley. La letra (la ley) solo puede dar muerte. Aprópiate de esta revelación de la mente de Dios. La ley no puede producir vida.

Continuemos con el versículo 7: "El ministerio que causaba muerte [...]" (NVI). Detente allí. Dios se refiere a la ley como un ministerio. ¿No es interesante? La palabra *ministrar* significa "servir". ¿Te das cuenta de lo que Dios está diciendo? "Frank, déjame servirte. Déjame ministrarte. Permíteme, por medio de la ley, darte muerte".

Ahora saltemos al versículo 9: "Si el ministerio de condenación [...]". Aquí Dios llama a la ley un ministerio de condenación. Así que dio la ley para ministrarnos muerte y condenación. ¿Por qué Dios haría eso? ¿Por qué Dios daría una ley que mata y condena? Porque quería que *supiéramos* que estábamos muertos y condenados en Adán. Quería alejarnos de la ley, alejarnos de la mala elección que tomamos en el Edén. Por favor, entiende que la ley no tiene nada de malo: "[...] la Ley a la verdad es santa, y el mandamiento santo, justo y bueno" (Romanos 7:12). El problema está en nosotros. Dios dio la ley para exponer nuestra necesidad y demostrarnos cuán engañados estamos.

Un Propósito Supremo

La ley fue dada con el propósito supremo de llevarnos a Jesús. Gálatas 3:24 proclama esta gloriosa realidad: "[...] la Ley ha sido nuestro guía para llevarnos a Cristo, a fin de que fuéramos justificados por la fe". Muchas traducciones reemplazan "guía" por "tutor" o "tutora" (NTV, RVA-2015, RVC). Algunas versiones incluso dicen "ayo" (LBLA, JBS, RVR1960, RVR1977, RVA, SRV-BRG). La palabra griega aquí es *paidagogós*. Un *paidagogós* no era un guía, tutor o ayo. Los lectores originales de las cartas de Pablo a los gálatas habrían entendido inmediatamente a lo que se refería Pablo. Los padres de un niño designaban a un siervo de confianza para supervisar el desarrollo de su hijo hasta la edad adulta. Este *paidagogós* se aseguraba de que el niño tomara las decisiones adecuadas, actuara según la conveniencia de la familia, fuera a la escuela y más. Creo que "orientador" sería una traducción mucho mejor.

En Gálatas 3:24, Pablo muestra claramente que Dios nos dio un *paidagogós*, la ley, para anular nuestro intento de ser independientes y llevarnos a Jesús. En Jesús saciaríamos nuestra mayor necesidad. En Jesús recibiríamos vida de Dios. Como solía decir mi viejo amigo Bill Gillham: "¡Jesús controla el monopolio de la vida!".

Jesús es Vida

"[...] Yo soy el camino, la verdad y la vida [...]" (Juan 14:6).

"En él estaba la vida, y la vida era la luz de los hombres" (Juan 1:4).

"[...] yo he venido para que tengan vida, y para que la tengan en abundancia" (Juan 10:10).

" El que tiene al Hijo, tiene la vida [...]" (1 Juan 5:12).

"[...] para que todo aquel que en él cree no se pierda, sino que tenga vida eterna" (Juan 3:16).

La ley es lamentable y maravillosa al mismo tiempo. Es lamentable porque nos mata y nos condena. Es maravillosa porque nos lleva a Jesús, donde recibimos vida de Dios. No puedo evitar pensar en cómo el velo del templo fue rasgado por un fuerte terremoto cuando Jesús fue crucificado. ¡Qué simbolismo tan asombroso! El velo separaba al pueblo del Lugar Santísimo, el sitio donde Dios habitaba entre su pueblo, pero no en su pueblo. Que el velo se rasgara fue una declaración de que, gracias a la obra de Jesús, la humanidad ya no estaba separada de Dios. La gente podía volver a acceder a Dios de forma directa. ¡Qué maravillosa verdad! Pero ¿podría ser aún más maravillosa de lo que pensamos?

En un terremoto, tiembla el suelo. ¿El velo no debería haberse rasgado de abajo hacia arriba? Sin embargo, los relatos de los Evangelios registran claramente que el velo se rasgó de arriba abajo. ¿Podría ser que Dios mismo rasgó ese velo de arriba abajo para declarar que finalmente Él volvería a tener acceso a nosotros? ¿Podría ser que Él, a través de la obra consumada de Jesús, podría volver a ser todo lo que Él es para todo lo que necesitamos si lo recibimos por fe?

Lo que Dios ha hecho por nosotros en Cristo es asombroso. Nosotros elegimos el árbol del conocimiento del bien y del mal. Elegimos la muerte en lugar de la vida, pero Dios no se alarmó. Simplemente tomó nuestra elección y la usó en nuestra contra para llevarnos de regreso a la elección que deberíamos haber tomado. ¿No es asombroso? Dios verdaderamente hace que todas las cosas ayuden a bien a aquellos que lo aman (Romanos 8:28). ¡Servimos a un Dios asombroso! ¡Incluso usó el gran pecado en el huerto, el cual puso a toda la humanidad bajo la ley, para nuestro bien! Lo usó para llevarnos de regreso al árbol de la vida: ¡Jesús!

- TRECE -

La Perversión de la Ley

Cuál es el asunto más importante de tu vida? ¿En qué gastas más energía preocupándote?

¿Te obsesionan tus hijos? ¿Tu trabajo? ¿Tu salud?

Sea lo que sea, es probable que tenga un enorme impacto en ti. ¿Has notado que, cuando esa área de la vida va bien, te sientes bastante bien? Pero ¿qué sucede cuando luchas y no ves los resultados que deseas en esa área de la vida? Podrías no sentirte tan bien con respecto a eso o a cualquier otra cosa. ¿Por qué sucede esto?

La respuesta es simple: cuando buscamos vida en alguien o en algo, esa entidad inevitablemente se convierte en el asunto más importante de nuestras vidas. Si buscamos dinero como fuente de vida, el dinero se convierte en el asunto más importante. Si un cónyuge o nuestros hijos son la fuente de nuestra vida, se convierten en el asunto más importante. En pocas palabras, el objeto que elegimos para darnos vida se convierte en el factor dominante en nuestras vidas y determinará si experimentamos o no bienestar, satisfacción y contentamiento.

La razón por la cual esto nos causa tantos problemas es porque estas cosas (dinero, cónyuge, hijos, trabajo, etc.) pueden desviar nuestra atención de la única fuente verdadera que Dios quiso que tuviéramos: Él mismo. Esto es exactamente lo que les sucedió a muchos de los líderes religiosos de la época de Jesús. La ley era el centro supremo de sus vidas, la veían como su fuente de vida. En su orgullo, pensaban erróneamente que si lograban desempeñarse bien, podrían encontrar vida en la ley, fuera de Dios.

Esto explica la razón por la cual Jesús representaba una amenaza para los fariseos. Proclamaba a viva voz que la vida no provenía de la ley. Invalidaba abierta y efectivamente el método que tenían para adquirir vida. Por tanto, los fariseos se reunieron y llegaron a la conclusión de que, si no detenían a Jesús, Jesús seguiría haciendo milagros. Si se le permitía hacer eso, la gente creería en Él (Juan 11:47-48). Temían que el revuelo creado por Jesús llevaría a los romanos a arrebatarles sus lugares y quitarles su nación. En otras palabras, los fariseos se quedarían sin trabajo. Decidieron entonces matar a Jesús para asegurar sus trabajos.

Sin embargo, los fariseos tenían un grave problema, el mismo que tenemos nosotros: no podían cumplir su propia ley. Lo que salía de sus labios no coincidía con lo que había en sus vidas. En Romanos 2, Pablo aborda ese problema directamente. Les dice: "No practican lo que predican. Ustedes predican "no robarás", pero roban en sus corazones cuando quieren lo que tienen otras personas. Ustedes predican "no cometerás adulterio", pero lo cometen en sus mentes. Cuando se trata de las leyes que enseñan, es posible que las estén cumpliendo externamente, ¡pero no las están cumpliendo internamente!" (esta versión es de mi autoría). Si no pueden cumplir la ley, son culpables.

Lidiar con la Culpa

A la gente no le gusta vivir con culpa. Tan pronto como a las personas se les confronta con la culpa, tienden a señalar a otros que son tan malos o peores que ellos mismos. ¡Seguro lo has visto en innumerables ocasiones! Una vez, cuando mi hijo Ben era pequeño, lo atraparon tomando una galleta. Cuando lo descubrieron, ¡inmediatamente delató a su hermana mayor Les-Leigh, que se había llevado dos! ¿Alguna vez has recibido una multa por exceso de velocidad? Posiblemente le hayas dicho al oficial que otros iban más rápido que tú; y si no lo dijiste, probablemente lo pensaste. Así es como manejamos la culpa sin Dios. Este juego de echarnos la culpa unos a otros se refleja en las páginas de Lucas 18.

Allí, Jesús cuenta la parábola de dos hombres, uno pecador y el otro muy religioso, que habían ido al templo a orar. El pecador derramó su corazón: "Oh, Dios, soy un desgraciado, un miserable, soy culpable. Por favor, ten misericordia y gracia de mí" (versículo 13 parafraseado por mí). Pero el religioso oró: "Oh, Dios, ¡te agradezco que no soy como ese pecador que está allí! Yo ayuno, yo diezmo, yo oro" (versículos 11-12 parafraseados por mí). ¿Ves cuál palabra repitió el religioso? "Yo..., yo..., yo...".

La comparación es el nombre del juego. El hombre religioso encuentra a alguien que no se desempeña tan bien como él. Esto le permite elevarse a sí mismo a expensas del otro. Esto les ocurre a las personas que siguen la ley: se enfocan en los pecados de los demás y pierden de vista sus propios pecados y su necesidad de un Salvador.

La religión obliga a la gente a competir por la culpa. Dondequiera que haya una competencia, hay ganadores y perdedores. Nadie quiere perder, así que las personas religiosas se aseguran de ganar estableciendo sus propias reglas. Inventan leyes autoimpuestas que les permiten sentirse mejor consigo mismos mientras desprecian a los demás.

¿Puedes escucharlos?

"En esta iglesia sólo usamos la versión Reina Valera".

"Jamás tocamos el alcohol".

"Nunca vemos películas mundanas".

"Practicamos el bautismo por inmersión".

"A diferencia de otras denominaciones, nosotros estamos comprometidos con Dios".

No, en realidad están comprometidos con ellos mismos

y, en su economía de guardar la ley, ignoran completamente el mandamiento supremo del Nuevo Testamento de amarse unos a otros.

La religión produce algunas de las personas más malvadas y menos amorosas del mundo. El espíritu de competencia es algo feo y no tiene nada que ver con Jesús.

Apuntar con el Dedo

Un amigo mío le daba consejería a pastores desde su hogar. Un pastor pidió verlo porque estaba luchando con un problema importante que no quería compartir por teléfono. Cuando mi amigo abrió la puerta para invitarlo a pasar, el pastor miró por encima del hombro de mi amigo y dijo: "¿Qué es eso?". Mi amigo estaba confundido. "¿Qué?". "¡Eso!". El hombre señaló hacia el interior de la casa.

"¿Qué? ¿El televisor?".

"¡Si! –dijo el pastor–. Si hubiera sabido que tenías un televisor, nunca habría acudido a ti en busca de consejería". Ese pastor estaba allí para ver a mi amigo debido a graves problemas sexuales que probablemente lo llevarían a la cárcel, ¡pero no tenía televisor!

¿Ves lo ridículo que es? Sería cómico si no fuera tan trágico y generalizado. Nos sentamos a señalar con el dedo a cualquiera que no sigue nuestras reglas. Lo triste es que no tenemos que hacer todas esas tonterías para aliviar nuestra culpa. Podemos correr hacia Jesús, quien resolverá nuestra culpa de una vez por todas a través de su obra en la cruz. Podemos sentirnos increíblemente satisfechos y significativos al ser restaurados a nuestro verdadero propósito en la vida como recipientes de Dios.

A medida que Jesús habita en nosotros, podemos experimentar la plenitud de Dios y luego manifestarle esa plenitud de Dios a los demás. Sin embargo, lamentablemente, muchos siguen buscando vida en la ley en vez de mirar hacia Jesús, y se causan un gran daño tanto a sí mismos como a otros que buscan encontrar vida en Dios.

El *Hippie*

Recuerdo una historia que escuché una vez sobre un *hippie* en los años sesenta. Aparentemente, el *hippie* se encontraba desmayado en una cuneta por un exceso de drogas y alcohol de la noche anterior. Cuando se despertó a la mañana siguiente, había vomitado sobre sí mismo. ¡Estaba hecho un desastre! Mientras se estaba levantando, vio un folleto del evangelio en la cuneta. El folleto hablaba del amor de Jesús y, al leerlo, el *hippie* aceptó a Jesús como su Salvador en ese mismo momento.

La última línea del folleto decía: "Ya que eres creyente, debes conectarte con otros creyentes. Debes unirte a alguna iglesia local". Así que se dirigió a la primera iglesia que encontró. Los ujieres lo recibieron en la puerta y le dijeron: "¿Qué estás haciendo?".

"Vengo a adorar, acabo de ser salvo".

Lo miraron de arriba abajo, analizando su ropa sucia y su cabello descuidado. "No adorarás aquí. ¡Mírate!

Apestas. Esta es la casa de Dios, amigo. ¡No puedes entrar aquí así!".

El *hippie* arrastró los pies. "Oh. Entiendo. No lo sabía". Se dirigió a su casa, se limpió y regresó a la iglesia la semana siguiente.

Los ujieres lo recibieron en la puerta, bloqueándole el ingreso. "¿Qué estás haciendo?".

"Vine aquí para adorar. Acabo de ser salvo". El *hippie* sonrió, con la cara recién lavada y la ropa limpia.

"No adorarás así. Tienes que afeitarte esa barba. Tienes que cortarte ese pelo largo. Mira esa ropa, está llena de agujeros y jirones. ¡Esta es la casa de Dios, no puedes entrar aquí así!". Los ujieres sacudieron la cabeza con disgusto.

"Oh, está bien, no lo sabía". Una vez más, el *hippie* se dirigió a su casa. Esa semana, se afeitó y se cortó el pelo, visitó la tienda de segunda mano y se compró un traje de tres piezas y una Biblia.

Regresó la semana siguiente. Una vez más, los ujieres lo recibieron en la puerta, extendiendo las manos para evitar que entrara. "¿Qué estás haciendo?". El *hippie* respiró hondo y puso su mejor cara.

"Vine aquí para adorar. Acabo de ser salvo". Sonrió, sintiéndose confiado en su apariencia. Los ujieres pusieron los ojos en blanco y señalaron la Biblia que sostenía bajo el brazo. "¿Qué es eso debajo de tu brazo?".

"Es mi Biblia", dijo, sosteniéndola con orgullo. Los ojos de los ujieres se entrecerraron.

"¿Qué versión?", preguntaron con sospecha. El *hippie* dio la vuelta a la Biblia y leyó el texto en el lomo.

"Es la Nueva Traducción Viviente". Los ojos de los ujieres se agrandaron. Horrorizados, negaron con la cabeza.

"¡¿Nueva Traducción Viviente?! Esta es la casa de Dios, amigo. No puedes entrar aquí con eso. ¡Aquí solo usamos la Reina Valera!".

Esa semana, el *hippie* salió y se compró una Biblia Reina Valera enorme. Al domingo siguiente, apareció en la iglesia.

Y, efectivamente, los mismos dos ujieres lo recibieron en la puerta. Dijeron: "¿Qué estás haciendo?".

"He venido a adorar". Se enderezó, sonriendo y confiado en que su corte de pelo, su traje y su Biblia Reina Valera le permitirían atravesar las puertas de la iglesia. Los ujieres se detuvieron un momento y luego se acercaron.

"Mira, te hemos estado observando durante las últimas semanas. Pensamos que a estas alturas habrías entendido el mensaje. No eres más que un leopardo tratando de esconder sus manchas. Esta es la casa de Dios, amigo. No puedes entrar aquí".

La tristeza inundó el corazón de este nuevo creyente. Rechazado por la iglesia, se devolvió y caminó con pesar hasta su casa. Mientras caminaba, le derramó su corazón a Dios. "Dios, he estado tratando de entrar en esa iglesia. Me corté el pelo. Me afeité la barba. Tengo un traje de tres piezas. Incluso tengo la Biblia correcta. He estado haciendo todas estas cosas para intentar entrar en esa iglesia. ¡Simplemente no me dejan entrar!".

En ese momento, escuchó la voz de Dios desde el cielo. "Te entiendo perfectamente, hijo. Yo mismo he estado intentado entrar a esa iglesia durante treinta y cinco años".

Sería gracioso si no fuera tan triste y cierto.

Resulta fácil ver a los fariseos como legalistas. ¿Pero no hacemos lo mismo? Vivíamos bajo la ley, la cual nos mataba y condenaba, así que corrimos hacia Jesús, quien nos dio vida. Por eso decimos que fuimos salvos por gracia mediante la fe. ¿Y qué hicimos enseguida?

Volvimos a seguir la ley, imponiendo los Diez Mandamientos y agregándoles más leyes y reglas para nosotros y para los demás. No hemos comprendido la gloria de Colosenses 2:6. No solo somos *salvos* por fe, debemos *vivir* por fe.

Salvos por Fe, Vivir por Fe

¿Cómo recibiste a Jesús? ¿Poniéndote un traje de

tres piezas y leyendo una enorme Biblia Reina Valera? ¿Lo recibiste al diezmar? ¿Lo recibiste al ir a la iglesia? No, nada de eso. Lo recibiste por gracia a través de la fe, y así es exactamente como debemos vivir también.

Colosenses 2:6 dice: "[...] de la manera que habéis recibido al Señor Jesucristo, andad en él". Debemos vivir como cristianos de la misma manera en que ingresamos a la vida cristiana: confiando en Jesús. En Gálatas 1, Pablo le escribe al pueblo de Galacia, que estaba haciendo lo que tantos hacen hoy: estaba mezclando la ley con la gracia. Le añadía obras a la fe para buscar santificarse. En consecuencia, Pablo les escribe: "Estoy asombrado de que tan pronto os hayáis alejado del que os llamó por la gracia de Cristo, para seguir un evangelio diferente. No que haya otro, sino que hay algunos que os perturban y quieren alterar el evangelio de Cristo" (Gálatas 1:6-7). Se los deja muy claro. ¿Lo viste? No dice que se están alejando del evangelio, ¡dice que se están alejando de Dios! ¡Habían sido restaurados en la Persona y estaban volviendo a los principios!

Los gálatas necesitaban urgentemente entender el error de lo que estaban haciendo. La palabra *alterar* se puede traducir aquí como "revertir". Al agregarle una sola ley, la circuncisión, a la gracia de Dios, estaban girando 180 grados en la dirección opuesta a Jesús. ¿Por qué harían eso? ¿Por qué volverían a una economía basada en el logro después de haber sido puestos en una economía basada en recibir, especialmente después de recibir la vida de resurrección increíblemente poderosa de Jesús puesta en ellos y vivida a través de ellos por el Espíritu Santo?

¿Es de extrañar que Pablo los llamara insensatos en Gálatas 3:1? Como suele decir mi amigo Malcolm: "¡Piensen, gente querida! ¡Piensen! ¡Siéntanse y tómense un buen tiempo para pensar!". No vuelvas a la ley para intentar obtener a través de tus actos lo que ya has recibido. Nunca encontrarás lo que buscas por fuera porque ya lo tienes por dentro. Tienes todo lo pertinente para la vida y la piedad pues tienes al Espíritu Santo que vive en ti y a través de ti.

Cuando viajo por el país y predico este maravilloso mensaje, inevitablemente las personas se acercan y me dicen: "Bueno, no vivimos según la ley. Lo sabemos. Pero sí vivimos según ciertos principios". "Tenemos normas en nuestra iglesia". "Esperamos que nuestros miembros cumplan con ciertas expectativas". Principios, normas, expectativas... oh, querido amigo, estas son apenas otros términos para la ley. Las expectativas se basan en la ley, al igual que las normas o los principios o cualquier otra cosa que no sea Jesús. Si las usamos como norma de desempeño para obtener vida, seguridad, sentido o favor de Dios, en últimas nos matarán y condenarán, porque nadie puede cumplir con todas las normas todo el tiempo.

Conflicto Interno

Puede desarrollarse fácilmente una dinámica incómoda cuando vives con un pie en la ley y el otro en el camino de la gracia. Te encontrarás en conflicto, balanceándote entre dos extremos.

Soy salvo. Estoy condenado.

Fui perdonado. Soy culpable.

Soy santo. Soy pecador.

Este síntoma recurrente indica un grave fracaso en nuestra forma de vivir la vida cristiana. Debemos vivir total y completamente dentro de la economía de la gracia que nuestro amoroso Padre estableció para nosotros. En esta economía, constantemente recibimos vida, amor y aceptación de Él, nuestra fuente. El fracaso grave se produce cuando volvemos a traer la ley a nuestras vidas. Añadir la ley significa añadirle muerte y condenación a la vida y al amor que siempre recibimos de Jesús.

Esta es una epidemia al interior del cuerpo de Cristo. Los cristianos están llenos de confusión y frustración, están vacíos y llenos de impulsos. Siguen creyendo que son pecadores, mientras que la Biblia los llama santos. Siguen pensando que necesitan ser perdonados, aunque Jesús mismo dijo: "¡Consumado es!". Se dirigen hacia Dios para volver a dedicarle sus vidas, pero vuelven a fallar. Vuelven a comprometerse y fallan una y otra vez hasta que gritan desesperados: "¡El cristianismo no funciona!". Y eso, amigo mío, es mentira.

El cristianismo *siempre* funciona. Lo que no funciona es mezclar el antiguo pacto con el nuevo pacto. El fracaso que muchos experimentamos proviene de tratar de vivir en la gracia y en la ley al mismo tiempo. Esto ha estado sucediendo durante miles de años. Es lo que hacían los gálatas y es lo que siguen haciendo las iglesias en todo el mundo. ¿El "galateísmo" se encuentra en tu iglesia? ¿En tu vida? ¿Estás caminando sólo por fe o en una mezcla de fe y de ley?

Después de haber tenido la oportunidad de enseñar sobre la ley y la gracia, la gente todavía se me acerca y me pregunta: "Pero, Frank, ¿no crees que todavía necesitamos la ley?". Es desgarrador para mí escuchar que la gente quiere aferrarse a lo que les trae muerte. Le pedí al Señor que me diera una frase, una sola frase, que pudiera usar para detener a estas personas en seco. Creo que el Espíritu Santo me la dio. Imaginemos ese escenario:

"Pero, pastor Frank, ¿no crees que todavía necesitamos la ley?".

"Amigo mío, ¿por qué quieres robarle a nuestro Jesús la gloria que se aseguró para sí mismo y para nosotros en la cruz?".

Su gloriosa obra en la cruz nos liberó del sistema basado en logros. ¿Por qué quieres que las cosas vuelvan a ser como eran? El camino antiguo nunca hizo por nosotros lo que esperábamos que hiciera. La ley nunca nos dio vida porque no puede darnos vida, sólo Dios puede ministrarnos vida. Necesitamos ser consumidos por Él, no por la ley.

- CATORCE -

Somos Libres de la Ley

Luchas con la idea de ser libre de la ley? No estás solo. Conozco a mucha gente que piensa que nos saldremos de los rieles sin la ley en nuestras vidas. Una vez trabajé con un pastor que dijo que jamás le enseñaría la gracia de Dios a la gente de su iglesia. Cuando le pregunté por qué, me dijo que tenía miedo de que corrieran desnudos por las calles. Le dije que ellos no me preocupaban en absoluto; ¡me preocupaba era él por haber pensado en eso!

Piensa esto: en tu travesía de fe, ¿la ley alguna vez te ayudó a *no* pecar? Sé que sí te señaló tu pecado, pero ¿te dio el poder para dejar de pecar? Yo viví bajo la ley durante mucho tiempo y pequé bastante.

Una vez que la ley ha cumplido su propósito de llevarnos a Jesús, se supone que habremos terminado con ella para siempre. Dios no quiere que sus hijos vayan corriendo de regreso a vivir bajo la muerte y la condenación que produce la ley. Quiere que experimenten la vida al máximo. Para eso vino Jesús en primer lugar, ¡para que tengamos vida y la tengamos en abundancia! Romanos 7, uno de los capítulos más asombrosos de toda la Bblia, le declara esta gloriosa realidad a nuestros corazones.

Pablo comienza este capítulo diciendo: "¿Acaso ignoráis [...]?". Analizamos una frase similar en el capítulo 9. Vale la pena repetir que cuando Pablo usa esta frase, o alguna similar, significa que los creyentes deberían haber sabido de qué estaba hablando, pero no lo sabían. Quería desesperadamente que entendiéramos que Jesús no fue el único que murió en la cruz. Nuestra naturaleza pecaminosa, nuestro viejo yo pecaminoso, también murió con él. Luego resucitamos con él como nuevas criaturas en Cristo (2 Corintios 5:17).

Jesús en Lugar de la Ley

Pablo fue un gran maestro y, como maestro, comunicó por primera vez su principio en Romanos 7:1. "¿Acaso ignoráis, hermanos (hablo con los que conocen de leyes), que la ley se enseñorea del hombre entre tanto que éste vive?". Es un principio muy claro: la ley únicamente se aplica a personas vivas.

¿Una mujer muerta necesita preocuparse de que la atrapen superando el límite de velocidad? No, ella murió para esa ley. ¿Tiene que preocuparse un hombre muerto por recordar el cumpleaños de su esposa? No. Cuando una persona muere, termina su relación con la ley. Este es el principio que describe Pablo.

Como era un gran maestro, Pablo continuó ilustrando el principio. Romanos 7:2-3 dice: "La mujer casada está sujeta por la ley al marido mientras éste vive; pero si el marido muere, ella queda libre de la ley que la unía a su marido. Así que, si en vida del marido se une a otro hombre, será llamada adúltera; pero si su marido muere, es libre de esa ley, de tal manera que, si se une a otro marido, no será adúltera".

Por favor, entiende que Pablo *no* estaba enseñando sobre el matrimonio en este pasaje. Estaba usando el matrimonio para ilustrar el principio de que la muerte termina las relaciones. Su ilustración es clara: si una persona muere, su relación con la ley del matrimonio termina, y su cónyuge es libre de volverse a casar.

Luego, Pablo le aplica este principio a todos los que hemos puesto nuestra fe en Cristo: "Así también vosotros, hermanos míos, habéis muerto a la Ley mediante el cuerpo de Cristo, para que seáis de otro, del que resucitó de entre los muertos, a fin de que llevemos fruto para Dios" (Romanos 7:4). ¡Cielos! Este es uno de los versículos más importantes del Nuevo Testamento.

Pablo deja bien claro que nuestro matrimonio con la ley terminó con nuestra muerte en Cristo. Al haber resucitado con Él, cualquier relación, cualquier conexión que teníamos con la ley se cortó, se partió, se rompió y se terminó para siempre.

Esa relación debía terminar. Nuestro esposo, la ley, nos criticaba, nos condenaba y constantemente nos decía que nunca íbamos a estar a la altura. La ley nunca movió un dedo para ayudarnos. En pocas palabras: era una relación abusiva, una que Dios nunca quiso para sus hijos. Nos ofreció un camino para huir de esa relación y así encontrar y experimentar el matrimonio de nuestros sueños como la novia de Jesús. Aprópiate de las ramificaciones de esta gloriosa y nueva realidad. ¡Estamos casados con Jesús, punto! Fin de la discusión.

Querido hermano, si vuelves a la ley, en realidad estás cometiendo adulterio espiritual. Juan Carlos Ortiz lo expresa de esta manera: "Estás casado con Jesús y estás teniendo una aventura con el Sr. Ley".

La Única Forma De Llevar Fruto Como Cristianos

No darás fruto si sigues la ley. No experimentarás ni expresarás amor, gozo, paz, paciencia, benignidad ni ningún otro aspecto de la vida del Espíritu si sigues la ley. La única forma de dar fruto en la vida cristiana es estar casado con Jesucristo, quien nos dijo que permaneciéramos en Él. Dijo: "Yo soy la vid, ustedes son los pámpanos. Permanezcan en mí y darán mucho fruto" (Juan 15:5, parafraseado por mí). Los pámpanos no dan fruto a no ser que estén conectados a la vid.

El mensaje que se escucha a menudo en la iglesia es: "¿Cuál es tu fruto? ¡Tienes que producir fruto! ¿Por qué no estás produciendo fruto?".

Los pámpanos responden: "Lo siento. Me esforzaré más esta semana".

La semana siguiente, se vuelve a hacer la misma pregunta: "¿Has dado fruto?".

Y, de nuevo, la respuesta de los pámpanos: "Lo intenté, pero fallé".

En ese momento, cae la condenación. "¡Pámpano malvado, malvado en verdad!".

¿Qué ocurre inevitablemente? La vergüenza oscurece los corazones de los pámpanos y aparece la desilusión.

¿Cómo pueden ser estas las buenas nuevas que proclamó Jesús? No las son. El maestro somete al oyente a la esclavitud del desempeño, *y el oyente se lo permite*. Este es un gran malentendido. La responsabilidad de un pámpano no es producir fruto, sino permanecer en Jesús. Y esto puede resultar confuso: ¿qué significa permanecer?

Permanecer, como se traduce en la Biblia, significa "vivir" o "habitar". En el Nuevo Testamento, aparece con dos usos distintos. En el primero, *permanecer* transmite una realidad determinada de nuestra vida en Jesús. Vivimos en Él.

Habitamos en Él. Siempre será así, y nada podrá cambiarlo.

En el segundo, es una orden. Se nos ordena *permanecer* en Él, vivir en Él. ¿Qué significa eso? ¿Cómo se nos puede ordenar a que hagamos algo que forma parte de nuestra identidad en Cristo?

Primero, debemos entender que, al llegar a la fe en Jesús, permanecemos en Él de manera permanente. Fuimos diseñados por Dios, y ese es nuestro modo predeterminado. Es como respirar, es lo que hacemos naturalmente en Cristo. ¿Caminas todo el día enfocándote en tu respiración? Ojalá que no, ¡sería agotador! De la misma manera, no tenemos que preguntarnos a cada minuto del día: "¿Estoy permaneciendo? ¿Estoy permaneciendo?". Si estás en Cristo, estás permaneciendo. No necesitas pensarlo. Es así de sencillo. ¡Qué glorioso es esto!

Si lo anterior es cierto, y lo es, entonces, ¿por qué Jesús nos ordena permanecer? En mis años de enseñanza, he observado que la mayoría de las personas que están bajo la gracia luchan con la idea de que este sea un mandamiento. ¡Los mandamientos hacen parte de la ley, y somos libres de la ley! Me resulta útil pensar en las palabras de Jesús aquí como una "invitación imperativa". Jesús nos invita a que elijamos participar de y experimentar lo que ya tenemos.

Como resultado de nuestra elección de recibir a Cristo, poseemos la única fuente de vida verdadera que puede encontrarse en el universo, pero el Nuevo Testamento deja claro que podemos ser tentados a y seducidos para buscar vida en otras fuentes (Santiago 1:13-15, Gálatas 1:6). Podemos elegir anular nuestro modo predeterminado y vivir de algún otro modo para buscar vida. El hacerlo es como decidir contener la respiración: no es natural y nunca sale bien. Así es el pecado.

El hijo pródigo es un ejemplo poderoso de este tipo de pecado. Era hijo y tenía un padre maravilloso. Todas sus necesidades eran cubiertas bajo la relación que compartía con su papá. Sin embargo, el hijo decidió cambiar de modo. No quería vivir en la casa de su padre entonces se fue a un país lejano. Mala idea. A pesar de su mala elección, nunca dejó de ser hijo, sencillamente no vivía como uno ni se parecía a uno. Su vida se tornó muy difícil y así continuó hasta que tomó la decisión de volver a casa. Regresó a la casa de su padre, donde estaba destinado a vivir y a disfrutar de la vida. Cuando regresó, descubrió que la vida con su padre era muy superior a lo que había conocido o imaginado antes.

Entonces, cuando Jesús nos extiende esta invitación imperativa a permanecer, nos está invitando a quedarnos en un mismo lugar. Nos invita a rechazar la tentación de ir a un país lejano y a aferrarnos, más bien, a una relación más profunda con Él. Debemos vivir donde hay vida: en Jesús. Hemos encontrado vida en Jesús, y ahí es donde debemos vivir: en Él y a partir de Él.

Jesús es nuestra fuente. De esto trata Juan 15. Como la

vid, Jesús es el único que puede producir fruto, y producirá fruto en nuestras vidas si nos quedamos (permanecemos) en Él.

Volvamos al escenario anterior. El maestro en la iglesia pregunta: "Oigan, pámpanos, ¿ven fruto en sus vidas?".

Los pámpanos responden: "¡Lo estamos intentando, pero no funciona!".

Un verdadero maestro de la gracia responderá: "Pámpanos, permanezcan en Jesús. Ni siquiera intenten producir fruto. Ese trabajo le corresponde a Él, no a ustedes. Habiten en la vid y observen cómo el fruto llega de forma natural".

Tenemos un solo mandamiento sencillo que seguir y es un cargo que todos DEBEMOS recibir. Hemos sido invitados de forma imperativa a vivir en una relación de confianza. 1 Tesalonicenses 5:24 dice: "Fiel es el que los llamó, y él lo hará" (parafraseado).

Libertad no Implica Licencia

Me esfuerzo con todo mi corazón por enseñar la *libertad*, la cual es completamente contraria a la *licencia*. Dios nos dice claramente en varios lugares del Nuevo Testamento que hemos sido liberados de la ley. Dios nos libró de nuestra elección, la cual Él nunca quiso para nosotros. No debíamos conocer el bien y el mal, solo debíamos conocer a Dios y vivir de lo que recibíamos de Él. Esta idea resulta radical para los que hemos vivido bajo la ley toda nuestra vida, pero Dios quiere restaurarnos para que vivamos libremente en Él.

Si soy realmente libre de la ley, significa que soy libre para hacer lo que quiera. Soy libre para robar. No estoy bajo la ley. Soy libre para matar. No estoy bajo la ley. Incluso soy libre para cometer adulterio. Esto suena como licencia, ¡pero no lo es! Déjame explicártelo. Aunque soy libre para hacer lo que quiera, la pregunta es: ¿qué es lo que realmente quiero? Si nací de nuevo, no quiero robar, ni matar, ni cometer adulterio, porque mis deseos han cambiado. Según Ezequiel 36:25-26, cuando se estableció el nuevo pacto, recibí un corazón nuevo. Mi vieja naturaleza ha sido tan completamente crucificada y he sido tan renovado en Cristo, que ya no quiero pecar. Si realmente quiero pecar, tal vez no he nacido de nuevo en verdad. Está mal elegir hacer esas cosas porque no están alineadas con quien soy en Cristo. La culpa que siento después de hacer esas cosas me confirma que esas no son opciones para mí.

Además, debemos reconocer que, en el ejercicio de nuestra libertad, también somos libres de sufrir las consecuencias de las malas decisiones que tomamos. ¿Esas decisiones incorrectas alteran nuestra posición en Cristo? Nunca. Estamos seguros para siempre en nuestra unión con Él por fe. Sin embargo, elegir pecar ciertamente nos impide experimentar los beneficios de nuestra posición. Como hijos de Dios que han sido liberados de la ley, somos libres para robar, pero también somos libres para ir a la cárcel. Somos libres para matar, pero también somos libres para recibir todo el peso de nuestro sistema legal. Somos libres para cometer adulterio, lo que significa que también lo somos para perder a nuestro cónyuge y destruir a nuestras familias en el proceso. Este tipo de "libertad" no es libertad en absoluto. Es estupidez. Sería estúpido, hipócrita, vivir en contra de lo que realmente somos.

Pablo les planteó este punto a los corintios. Puede que la iglesia de Corinto haya entendido la economía de la gracia más que cualquiera de las otras iglesias del Nuevo Testamento. Dos veces les escribió (y sólo a ellos) que todas las cosas "son lícitas", lo cual es cierto, y en ambas ocasiones también aclaró que "no todas convienen" (1 Corintios 6:12 y 10:23). Cuando elegimos usar nuestra libertad para servir a nuestra carne, estamos, en efecto, pecando en nombre de la gracia. Si realmente comprendiéramos la belleza del don de la justicia y de la nueva identidad que recibimos como amados hijos de Dios, ¿elegiríamos eso?

Nueva Definición de Libertad

Tendemos a pensar en la libertad como la posibilidad de hacer lo que deseamos. Sin embargo, no olvides que nuestro "deseo" ha cambiado. Una definición bíblicamente sólida de la *libertad* es "el deseo y la capacidad de vivir de acuerdo con nuestra verdadera identidad". Somos hijos del Rey. Somos contenedores de Dios, creados para experimentarlo y manifestarlo ante el mundo que nos rodea. Pertenecemos a la familia real y, para nosotros, la elección de pecar es el equivalente a darle la espalda a una cena de cuatro platos para buscar restos de comida en un bote de basura.

La mejor definición de *pecado* que se me ha ocurrido es "locura temporal". Amigo mío, es realmente una *locura* darle la espalda a nuestra única fuente verdadera de vida para elegir aquello que solo puede llevarnos a experimentar la muerte. Entonces, ¿por qué lo hacemos? Después de conocer a Dios, ¿por qué seguimos eligiendo el pecado? Esta es una pregunta importante, y la abordaremos en el próximo capítulo.

- QUINCE -

Por Qué La Ley Nunca Funcionará

He hablado con miles de cristianos durante décadas de ministerio y nunca deja de sorprenderme cuántos estamos convencidos de que Dios quiere que sigamos la ley. Estamos convencidos de que la ley nos impedirá pecar. Pero, como lo veremos en este capítulo, la ley no es el plan de rescate de Dios para la humanidad, pero Jesús sí lo es. La ley no puede funcionar como muchos creyentes creen que lo hará, y te explicaré el por qué:

Primer Motivo: El Pecado Obtiene Su Poder De La Ley.

Cuanto más trates de seguir la ley con sinceridad, más pecarás. Esta afirmación puede parecerte impactante, pero veremos que es absolutamente bíblica. Sin embargo, antes de llegar a eso, es crucial que escuches esto: no hay nada de malo en la ley. La ley es santa, perfecta y buena. Nos llegó con un propósito maravilloso: impulsarnos a poner nuestra fe en Jesús. ¡Aleluya!

Sin embargo, hay otro actor en el drama de la vida, un villano al que debemos conocer. Su nombre es "El poder del pecado" y tiene un rol siniestro en nuestras vidas. Dios mismo nos advierte de este villano en tres versículos de crucial importancia. Si queremos hallar la victoria sobre el pecado en nuestro caminar con Dios, debemos entender y asimilar estos versículos en nuestras vidas.

El primer versículo es 1 Corintios 15:56, que dice: "Porque el aguijón de la muerte es el pecado, y *el poder del pecado es la Ley*" (énfasis mío). ¿Lo ves? ¡El pecado obtiene su poder de la ley! Esto significa que, si nos enfocamos en la ley como medio de santificación, podremos esperar mucho más pecado en nuestras vidas. Estas palabras pueden sorprendernos, sin duda, pero son las palabras del Espíritu Santo.

¿En qué tipos de pecados es probable que caigamos si seguimos la ley? ¿Embriaguez, adulterio o fornicación? Probablemente no, pues estos pecados son demasiado obvios para ser encontrados en una persona que exalta la ley. Probablemente encontremos pecados más "socialmente aceptables", como el orgullo, la codicia y la calumnia. Recuerda, la ley genera un ambiente de competencia, crítica y juicio. Por eso nunca funcionará. No hace más que alimentar el pecado, haciéndolo más poderoso en tu vida.

Segundo Motivo: La Ley No Detiene El Pecado.

¿Por qué creamos reglas? Hay leyes en contra del asesinato. Los estados y las ciudades establecen leyes para los límites de velocidad. ¿Por qué hacemos esto? Queremos brindar un ambiente de armonía y seguridad. Creamos leyes para evitar comportamientos peligrosos. Es algo normal en el mundo en el que vivimos. Los padres establecen reglas para sus hijos, como "no correr en la casa". Lo hacen para evitar que los niños corran en la casa y se terminen lastimando.

En relación con las leyes, el propósito de Dios es radicalmente diferente. Dice en Romanos 5:20 que la ley "se introdujo para que el pecado abundara". ¿Alguna vez escuchaste que alguien enseñara ese versículo en la iglesia? Cuando la humanidad eligió la ley, Dios sabía que no detendría ni frenaría nuestro comportamiento pecaminoso. Las palabras *para que* denotan un propósito. ¿Te das cuenta de lo que dice este versículo? ¡La ley llegó *con el propósito* de que pecáramos más con la ley que sin la ley!

¿Para qué haría esto Dios? Para que la culpa, la vergüenza, el conflicto, la frustración y el fracaso que experimentamos bajo la ley nos hicieran cansados de vivir bajo ella. En nuestra desesperación, clamaríamos a Dios: "¡Esto simplemente no funciona! Dios, ¿hay una mejor manera?". Entonces, ante el clamor de nuestros corazones cansados, Dios puede responder: "¡Sí, hijo mío! ¡No sabes cuánto anhelaba oírte decir esas palabras! Hay un camino mejor, y ese camino es Jesús, mi Hijo. Él es el camino, la verdad y la vida".

Oh, amigo mío, ¿te das cuenta de cuán increíble es lo que hizo Dios? Las personas eligieron el camino equivocado, el árbol equivocado. Elegimos el árbol de la ley, el árbol del desempeño, que conduce en últimas a la muerte. De manera increíble, Dios usa esa elección para llevarnos de regreso a Jesús, el mejor camino, el árbol de la vida que deberíamos haber elegido en primer lugar.

Tercer Motivo: La Herramienta Favorita Del Pecado Es La Ley.

Esto nos lleva a la tercera razón por la cual la ley nunca funcionará. Examinemos Romanos 7:8: "Pero el pecado, aprovechándose del mandamiento, produjo en mí toda codicia [...]". El pecado es tan pecaminoso que incluso usa la ley para hacernos pecar aún más. Nuestro problema no es con la ley sino con el poder del pecado. Permíteme ilustrar esta idea.

"No pisar el césped". ¿Qué quieres hacer? De repente, el césped se ve muy atractivo.

"Recién pintado, no tocar". Puedo escucharte diciendo: "¿Ah, sí? ¡Mira cómo lo toco!".

Estos son ejemplos triviales y divertidos, pero demuestran claramente el poder del pecado que obra en nosotros. Tan pronto como se nos dice que no hagamos algo, el poder del pecado despierta el deseo de hacer exactamente eso. Este proceso es precisamente la razón por la cual la mayoría de las dietas fracasan. La ley de la dieta dice: "No te comas la galleta". ¿Qué vas a hacer? Te vas a comer la galleta, ¿verdad? No, el poder del pecado te obligará a comerte la mitad de la bolsa. ¡Así es como obra el pecado! Utiliza la ley para suscitar aún más pecado. Lo que deberíamos decir es: "Soy libre de comer galletas, pero ¿cuántas quiero comer?".

Los Mandamientos del Nuevo Testamento

Pero ¿qué pasa con los mandamientos del Nuevo Testamento? Buen punto. El Nuevo Testamento está lleno de mandamientos que debemos seguir: no robar, no chismear, no alardear. Al mirar esos mandamientos, debemos interpretarlos en el contexto amplio de las enseñanzas del Nuevo Testamento. No funcionan como leyes que aseguran algún mérito ante Dios. Ya tenemos mérito ante Dios a través de Jesús. Me es útil entenderlos como declaraciones de mi nueva identidad. Cuando leo: "No robes", me recuerda cuál es mi nueva identidad en Cristo. No robo porque ya no soy un ladrón. Cuando el Nuevo Testamento dice: "No cometas adulterio", recuerdo que no soy adúltero, sino un esposo fiel en Cristo.

Además, elijo entender estos mandamientos como promesas de Dios. Dios siempre nos proporciona los recursos para lograr lo que nos llama a hacer. 1 Tesalonicenses 5:24 dice esto claramente: "Fiel es el que los llamó, y Él lo hará" (parafraseado).

Cuando veo el mandamiento de ser bondadoso, recuerdo que Dios expresará su bondad a través de mí, y confío en que Él lo hará. Cuando leo que se me ha ordenado perdonar, comprendo que Dios me proporcionará el poder para perdonar.

Los mandamientos del Nuevo Testamento son garantías de que Él será el poder para cumplir los principios a los que nos ha llamado. Él será todo lo que es, para todo lo que necesitemos, en el momento de fe. A medida que caminamos en nuestra nueva identidad y confiamos en Él, Él produce su vida justa a través de nosotros. Cuando otros nos observan, podrían decir algo como: "Eres una persona religiosa, ¿no es así?".

"Oh, no. Odio la religión".

"Pero sigues los Diez Mandamientos, ¿verdad?".

"De hecho, no".

"Pues, ¿robas?".

"No".

"¿Matas?".

"No".

"¿Cometes adulterio?".

"¡Dios no lo quiera!".

"Entonces, sigues los Diez Mandamientos".

"No, no lo hago. Lo que ves en mí es la vida de Jesús manifestada mientras confío en Él. Por la fe, Él vive en mí, ama a los demás a través de mí y cumple la justicia de la ley en mi vida".

La Gracia Hace Lo Que La Ley No Puede Hacer.

La ley trae aislamiento. Cuando estás bajo la ley, constantemente te evalúas a ti mismo y a los demás. No solo eso, constantemente eres juzgado y criticado por ti mismo y por los demás. La gracia, sin embargo, crea seguridad en las relaciones, pues ya no competimos ni juzgamos el comportamiento.

Aquí tienes un simple desafío. ¿Qué pasaría si acudes a las personas cercanas a ti y les haces la siguiente pregunta: "¿Puedes relajarte cuando estás conmigo y ser tú mismo, o sientes que tienes que mantener la guardia alta?"? Si operas bajo la ley, es probable que esas personas se muestren reacias a decirte la verdad por temor a ser juzgadas o criticadas.

Considera esto: nadie nunca tuvo temor de estar en la presencia de Jesús, ni siquiera sus enemigos. Cuando caminamos en nuestra verdadera identidad en Cristo, llenos de su amor y de su aceptación, nos convertimos hoy en el mismo puerto seguro que fue Él para la gente de su tiempo. Eso es gracia.

Parte 4

"Reinarán en vida por uno solo, Jesucristo"

- DIECISÉIS -

Encontrar Nuestra Verdadera Fuente de Vida

Tengo una pregunta que hacerte y es importante. La respuesta tiene implicaciones significativas para la forma en que vives tu vida como cristiano.

¿Cómo pudo Jesús vivir de la forma en que lo hizo? Caminó sobre el agua, curó a los enfermos, resucitó a los muertos, resistió a la tentación, amó a los rechazados y fue bondadoso con sus enemigos. ¿Cómo pudo hacer todo eso?

La respuesta más común que oigo es algo así como: "Bueno, Frank, Jesús pudo hacer todas esas cosas porque era Dios". Suena bien, pero piensa en las ramificaciones de esa respuesta. Que Jesús haya vivido de forma radical porque era Dios no es una buena noticia para nosotros. De hecho, da mucho miedo. Después de todo, somos llamados a vivir la misma vida radical que tuvo Él. Ahora bien, en ninguna parte del Nuevo Testamento se nos pide caminar sobre el agua, resucitar muertos o calmar tormentas terribles. Sí somos llamados a realizar tareas muy difíciles, como amar a los rechazados, perdonar a los que nos lastiman y ser amables con nuestros enemigos. Esas cosas son ya bastante difíciles por sí solas. Si les añades, además, el llamado de Jesús de amar a los demás como Él nos amó a nosotros, lo que es difícil se vuelve sencillamente imposible. Con nuestros propios recursos, ninguno de nosotros puede amar como ama Dios. ¿Por qué Dios nos llamaría a vivir una vida imposible? ¿Alguna vez has pensado en eso? En pocas palabras, no lo ha hecho.

Otra respuesta común que recibo es: “Frank, Dios entiende que nunca podremos vivir plenamente la vida cristiana. Todo lo que pide es que lo hagamos lo mejor que podamos, confesemos cuando fracasemos y decidamos hacerlo mejor la próxima vez”.

Entonces, básicamente, ¿la vida de Jesús es apenas un ejemplo para que sigamos? ¿Él hizo su parte y a nosotros nos corresponde imitarlo? Una vez más, suena bien inicialmente. Él fue bondadoso con sus enemigos, así que intentamos ser bondadosos con nuestros enemigos. Él fue bondadoso con los enfermos y con los pobres, por tanto, intentamos ser bondadosos con los enfermos y los pobres. Algunos pueden sentirse tentados a preguntar: “¿Qué hay de malo en eso? Todas esas son cosas buenas”. Existe un gran problema con esta metodología. La Biblia es muy clara: Jesús es Dios. Juan

10:30 lo dice claramente. "El Padre y yo uno somos". De nuevo, varios capítulos después, dice: "[...] El que me ha visto a mí ha visto al Padre" (Juan 14:9). Entonces, cuando decimos que estamos tratando de ser como Jesús, en realidad, estamos tratando de ser como Dios.

Una alarma de advertencia debería estar sonando en tu corazón y en tu mente ahora mismo. Esas son las mismas palabras que el enemigo usó en el huerto para tentar a Adán y a Eva y llevarlos al pecado. "Seréis como Dios". Sin embargo, aquí estamos, millones de personas, tratando de ser como Dios, pensando que de eso se trata la vida cristiana.

No, amigos míos, definitivamente no. Así funciona la vida bajo la ley, bajo la economía de la caída. No es la economía para la que fuimos diseñados. Por eso hay tantos cristianos frustrados en la iglesia. ¿Te das cuenta de lo difícil que es para nosotros tratar de ser como Dios cuando no lo somos? ¡No tenemos los recursos!

Esta mentalidad errónea ha permeado tanto la iglesia que llamamos *hombres de Dios* a quienes tratan de ser como Dios. Aunque sus corazones sean sinceros, ¡están engañados! Dios llama *ignorante* al hombre que intenta ser como Él. ¿Por qué? Porque ese hombre cree que ser como Dios es un emprendimiento digno. Al hacerlo, actúa como un rebelde. Ha rechazado la economía de la fe de Dios. Más bien, ha optado por aferrarse a la economía de las obras que Satanás usa para atraernos a todos.

Criminales Educados

Hace unos años, me reuní con el vicepresidente de una importante organización misionera. Estaba camino a asumir el cargo de presidente, y nos reunimos para hablar. Entró en mi oficina, miró todos los estantes llenos de libros y otros recursos, y resopló: "Mira todos estos libros. Mira todos estos CD. Mira todos estos DVD. La Iglesia nunca ha tenido acceso a tantos recursos en toda su historia".

Obviamente, quería llegar a algo, así que le pregunté: "Bueno, ¿cuál es tu punto?".

"Mi punto es este: la gente del mundo solía divorciarse, pero no la de la Iglesia. Entonces los de la Iglesia comenzaron a divorciarse, pero nunca los misioneros. Y ahora nuestros misioneros se divorcian, a pesar de todos estos recursos. Creo que esto ocurre porque ya nadie predica sobre el pecado. Nadie enseña las normas de Dios, y estas personas no le rinden cuentas a nadie. Estamos tan ansiosos por restaurarlos que no los amamos con convicción y disciplina. Eso es lo que pienso. Frank, ¿qué te parece?".

"Bueno, no creo eso –dije con tranquilidad–. Creo que el problema es que nuestras iglesias hacen con nuestra gente lo mismo que hace nuestro país con sus criminales. Tomamos a los criminales y los educamos, ¿y qué obtenemos? Criminales educados. Nuestras iglesias toman a las personas que están tratando de vivir independientemente de Dios y las educan con la Biblia. ¿Qué obtenemos? Un grupo de personas con educación bíblica que viven independientemente de Dios".

Ese hombre se sentó en silencio; casi podía ver su cerebro trabajando. Seguí hablando: "El conocimiento es extremadamente importante. Oseas 4:6 nos dice que sin conocimiento, el pueblo de Dios será destruido. Sin embargo, Pablo nos dice en 1 Corintios 8:6 que el conocimiento envanece. La búsqueda del conocimiento por sí sola nos deja con cristianos que saben mucho, pero que no pueden hacer nada con su conocimiento. Lo que todos necesitamos es una fuente de poder más grande que nosotros mismos que nos permita vivir de la manera en que Dios quería. Ahí es donde entra Jesús. Aunque fue Dios y siempre lo será, vino a vivir como ser humano para demostrar el tipo de vida para el cual fuimos diseñados".

Jesús Responde Nuestras Preguntas

Jesús es el arquetipo, el modelo o el ejemplo de cómo debemos vivir la vida cristiana, pero la intención no es que imitemos su comportamiento. Más bien, debemos mirar *cómo* hizo esas cosas. Debemos emular su *método*, el cual reveló en Juan 6:57: "Así como me envió el Padre viviente y yo vivo *por* el Padre [...]" (énfasis mío). Es increíblemente fácil pasar por encima de ese *por*, pero hacerlo representa un error. La palabra griega que se usa aquí es *ec*. La traducción literal de *ec* es "a partir de" o "de".

Revisemos la Escritura y reemplacemos "por" con "a partir de" o "de" y veamos qué sucede. Quizás esto nos ayude a entender mejor lo que dijo Jesús.

"Yo vivo *a partir del* Padre".

"Yo vivo *del* Padre".

¿Qué significa vivir a partir de algo o de algo? Significa que tomas lo que necesitas de ese lugar o persona. Jesús está declarando con claridad: "El Padre es mi fuente. Vivo en completa dependencia de lo que recibo de él, no de mis propias capacidades".

Jesús nos ha dado la respuesta a nuestra pregunta.

Pudo hacer todo lo que hizo porque vivió su vida confiando completamente en su Padre. Funcionaba como un aparato que podía enchufarse; constantemente obtenía vida y poder del Padre a través del Espíritu Santo. Nunca operó con las pilas de sus propios recursos.

La mayoría de los cristianos actuamos de manera muy diferente. Es como si esperáramos funcionar como un teléfono celular: nos conectamos cuando hacemos nuestro devocional matutino, cargamos nuestras pilas y tratamos de funcionar con esa energía todo el día. Sabemos por experiencia que nuestras baterías se descargan rápidamente. Esa no es la forma en que vivió Jesús y tampoco es la forma en que se supone que debíamos funcionar. Como un electrodoméstico, fuimos diseñados para estar conectados a una fuente de alimentación para funcionar correctamente. Piensa en una licuadora, por ejemplo. Cuando está conectada, mezcla y hace margaritas o batidos fantásticos. ¿Y si está desconectada? Bueno, igual tendrías una licuadora que podrías usar como un jarrón mediocre o una jarra poco atractiva. Sin embargo, no funcionaría de acuerdo con su diseño.

Y a eso se refería Jesús. Nos estaba diciendo: "Vivo conectado a Dios. Así puedo hacer lo que hago". Tú y yo fuimos diseñados para funcionar de la misma manera, recibiendo constantemente vida y poder de Dios. Desconectados, no funcionamos según nuestro diseño.

Depender del Padre

Jesús confirma que dependía de Dios en múltiples pasajes. "Respondió entonces Jesús y les dijo:

—De cierto, de cierto os digo: No puede el Hijo hacer nada por sí mismo, sino lo que ve hacer al Padre. Todo lo que el Padre hace, también lo hace el Hijo igualmente" (Juan 5:19). Cuando Jesús dice: "De cierto, de cierto os digo", está diciendo: "¡Escuchen! ¡Escuchen! ¡Esto es *realmente* importante!". Él quería dejar muy claro que sólo podía hacer lo que hacía porque vivía en dependencia del Padre.

De nuevo, en Juan 5:30, proclamó: "No puedo yo hacer nada por mí mismo; según oigo, así juzgo, [...]".

Y de nuevo: "[...] Cuando hayáis levantado al Hijo del hombre, entonces conoceréis que yo soy y que nada hago por mí mismo, sino que, según me enseñó el Padre, así hablo" (Juan 8:28). Una y otra vez, en el Nuevo Testamento, Jesús declara: "No vivo de forma independiente. Vivo *del* Padre".

Así precisamente responde Jesús ante la pregunta de los fariseos sobre la mujer adúltera en Juan 8. La habían sorprendido en el acto de adulterio y la llevaron ante Jesús. La ley decía que la apedrearan, así que pensaron que podrían engañar a Jesús para que respondiera incorrectamente y así destruir su credibilidad ante sus seguidores. Si les decía que la dejaran ir, estaría violando la ley. Si les decía que la apedrearan, no sería un Mesías muy amoroso.

La Escritura nos dice que después de esa pregunta, Jesús se arrodilló y escribió en la tierra. He escuchado muchas especulaciones sobre lo que Jesús pudo o no haber estado dibujando, pero no creo que Jesús en realidad estuviera escribiendo nada. Después de todo, acababa de decir que juzgaba según lo que oía. Cuando leo esta historia, me imagino a Jesús ganando tiempo, orando mientras dibujaba en la tierra. "Padre, me acorralaron. Estos pequeños apestosos realmente me han arrinconado. ¿Qué digo?". Y entonces, la respuesta vino a su mente: "[...] El que de vosotros esté sin pecado sea el primero en arrojar la piedra contra ella" (Juan 8:7). Sabes cómo termina la historia, ¿no? Todos dejaron caer sus piedras y se alejaron, y me imagino que cuando Jesús volvió a dibujar en la tierra, le estaba agradeciendo a su Padre por haberle dado la respuesta perfecta ante la trampa de los fariseos.

En la última noche de su vida, Jesús seguía viviendo de los recursos del Padre. Acababa de decirles a los discípulos que los iba a dejar para volver al Padre cuando Felipe le hizo una petición desde su corazón. "[...] Señor, muéstranos el Padre [...]" (Juan 14:8).

La respuesta de Jesús a Felipe es reveladora. Felipe y los demás discípulos habían pasado tres años y medio en una relación íntima con Jesús. Aun así, incluso la noche antes de su muerte, todavía no entendían lo que Jesús había estado intentando mostrarles. Puedo escuchar la compasión en la voz de Jesús cuando respondió con delicadeza: "[...] ¿Tanto tiempo hace que estoy con vosotros y no me has conocido, Felipe? [...] ¿No crees que yo soy en el Padre y el Padre en mí? Las palabras que yo os hablo, no las hablo por mi propia cuenta, sino que el Padre, que vive en mí, él hace las obras" (Juan 14:9-10).

Jesús estaba diciendo: "Escucha, si no puedes creer en mis palabras, ¿puedes al menos creer en las obras que has visto? Si no puedes creer lo que sale de mis labios, ¿puedes al menos creer en lo que has visto en mi vida? Ningún ser humano puede hacer lo que he estado haciendo. ¡Son las obras del Padre! El Padre hizo las obras, manifestando su vida a través de mí mientras yo caminaba por la fe en Él".

Esta conversación de Jesús con Felipe nos presenta la gran tensión del Nuevo Testamento que Pablo y todos nosotros debemos comprender y acoger. Nuestro caminar no es pasivo. No descansamos en que Dios va a hacerlo todo. Actuamos, y confiamos en que Dios hará a través de nuestro accionar.

¿Quién caminó sobre el agua? Jesús. Pero Él diría que el Padre lo hizo a través suyo. ¿Quién alimentó a los cinco mil? Jesús, pero, nuevamente, fue el Padre quien lo hizo a través de Él. Entonces, ¿fue Jesús o el Padre quien hizo estos milagros? La respuesta es que sí, ambos los hicieron.

En 1 Corintios 15:10, Pablo declara en términos inequívocos que había trabajado duro, pero rápidamente agrega: "Pero no fui yo, sino la gracia de Dios que estaba conmigo" (parafraseado). Pablo trabajaba, pero reconocía que Dios obraba a través suyo mientras trabajaba. Este es el lema de todo verdadero creyente: "Fui yo, pero, en realidad, no". Así vivía Jesús.

Fui Yo, Pero, en Realidad, No

Por naturaleza, Jesús es Dios, y eso no puede cambiar. Sin embargo, "se despojó a sí mismo, tomó la forma de siervo y se hizo semejante a los hombres" (Filipenses 2:7). Sin embargo, esto no significa que dejó de ser Dios. Más bien, eligió no ejercer su omnipotencia, omnisciencia y omnipresencia. Tomó la siguiente decisión: "Seguiré siendo Dios, pero voy a vivir como un hombre, lo haré de la forma en que Dios quiso que vivieran los humanos. Le confiaré y le entregaré mi vida enteramente a mi Padre por medio del Espíritu Santo".

Por eso Jesús no sabía cuándo regresaría. Por eso no supo quién había tocado el borde de su manto en Lucas 8:45-47 (cuando la mujer lo tocó y fue sanada instantáneamente). No lo sabía porque el Padre no se lo reveló. Jesús estaba funcionando como un ser humano y no como el Dios que conoce todas las cosas.

La vida radical que vivió Jesús fue una poderosa revelación para los discípulos y para nosotros. No vino solamente para perdonar nuestros pecados. También vino a darnos vida, su propia vida abundante (Juan 10:10), pero si se hubiera detenido allí, no habría sido suficiente. Habría sido como si un padre le da a su hijo un auto nuevo y potente, pero sin enseñarle a conducir.

Jesús nos dio el poder de la vida de Dios y nos mostró cómo usarlo. Demostró una vida de fe y cumplió el verdadero propósito para el cual Dios nos creó. Nos mostró cómo experimentar a Dios personalmente y cómo manifestarlo de manera relacional al mundo que nos rodea. A través de su vida, la gente podía ver a Dios viviendo en Él y a través de Él. Era un verdadero portador de la imagen de Dios, la cual era la intención de Dios para las personas desde el principio.

Espero que esta gloria radical pueda penetrar en tu

corazón y tu mente, y que pueda quedarse allí por el resto de tu vida. Jesús no vino con el único propósito de morir por tus pecados, también vino a restaurarte a sí mismo, y la única manera en que podía lograr esto era muriendo por tus pecados. Como la Escritura misma lo proclama: "Mirad cuál amor nos ha dado el Padre [...]" (1 Juan 3:1). Dios comparte su vida con nosotros. Experimentamos su poder, su deleite y su gozo a la vez que aprendemos de primera mano lo bueno que realmente es con nosotros.

- DIECISIETE -

Vivimos Como Lo Hizo Jesús

Es Navidad! El mejor día del año para un niño. Has estado esperando y orando por ese juguete nuevo que acaparó los comerciales televisivos durante meses. Los anunciantes han prometido alegría, emoción y horas de diversión para todos los que tengan ese increíble juguete. No dormiste en toda la noche anticipando lo que podrías recibir en la mañana. Apenas amanece, bajas corriendo las escaleras con esperanza en tu corazón y fijas tus ojos en los regalos debajo del árbol. Hay una caja debajo del árbol que parece ser del tamaño correcto. ¿Podría ser?

Rompes el papel de regalo. ¡Gritas de asombro! Felizmente, no es ropa interior nueva, sino el juguete que tanto deseabas. Abrazas a tu mamá y a tu papá repetidamente, abrumado por su bondad.

Le pones pilas y lo enciendes. Intentas manipular los controles, ¡pero el juguete no funciona! Sacas el manual de instrucciones, pero no tiene sentido.

En pocos segundos, lo que era un regalo fascinante se convierte en decepción y frustración. ¿Alguna vez te pasó eso de niño? A mí sí, y todavía recuerdo cómo me sentí.

Lo mismo está sucediendo en las vidas de muchos creyentes a una escala mucho mayor. Dios les ha prometido vida abundante a todos aquellos que pongan su fe en Cristo. En Cristo, nos ha colmado con toda bendición espiritual (Efesios 1:3). Reflexiona sobre todos esos dones a los que nos referimos en los capítulos anteriores de este libro.

¡Fuimos crucificados con Jesús y resucitamos con Él!

¡Hemos sido justificados!

¡Ahora somos aceptados por Dios!

¡Hemos sido completamente perdonados de *todos* nuestros pecados, pasados, presentes y futuros!

¡Tenemos una nueva identidad!

¡Ahora somos santos! ¡Santos de Dios!

Estos dones nos pertenecen. Los poseemos ahora mismo. Son verdades gloriosas y creemos en ellas; están en nuestras mentes, como deberían estarlo, y conmueven nuestros corazones, pero los dones por sí solos no bastan.

Esa pequeña niña, con el regalo debajo del árbol, necesita que alguien camine pacientemente con ella, que la ayude a entender las instrucciones de cómo funciona el juguete. Sin esa dirección, el juguete no puede cumplir con sus expectativas.

Así sucede con nosotros. Necesitamos un Padre que nos

ofrezca instrucciones amables y pacientes. Podemos tener la doctrina correcta, pero la doctrina correcta no es un fin en sí misma. La doctrina sin Jesús es como un juguete sin instrucciones. Los dones que hemos recibido no se pueden experimentar independientemente de aquel que nos dio esos dones.

Pablo enfatizó este punto clave en Romanos 5:17. Nos dijo que en Cristo recibiríamos la abundancia de la gracia y el don de la justicia. ¿Son estas grandes verdades? ¿Deberíamos aferrarnos a ellas? ¡Absolutamente! Las hemos recibido de Dios para poder reinar en esta vida, ahora mismo.

Pero Pablo no se detiene ahí. Continúa con la frase más importante del versículo: "Reinaremos en vida *por* uno solo, Jesucristo" (parafraseado). La palabra *por* denota un medio, define la forma en la que algo sucederá. Cuando Pablo dijo "por", estaba mostrando cómo los dones que Dios nos dio se traducen en "reinar en vida". En esencia, Pablo sacó esas doctrinas de la mente y las ubicó al interior de la pasión de una relación con una persona.

En muchas comunidades cristianas, la gente se refiere al evangelio, al nuevo pacto, como "el mensaje de la gracia". Y sí es un mensaje, pero es un mensaje acerca de una Persona. Un amigo mío compara la Biblia con el menú de un restaurante. El menú nos puede hacer salivar, pero no puede saciarnos. El menú nos señala una realidad mayor: la comida que pronto estará en nuestros platos y luego en nuestro estómago. El mensaje de la gracia es el menú, y Jesús es el cumplimiento. Únicamente experimentamos a Dios a través de Jesús. ¿Puedes tener una relación con una doctrina o con un mensaje? Por supuesto que no. No me malinterpretes, la doctrina correcta es importante. Es el puente que nos lleva a una relación viva e íntima con Dios.

¿Has pensado alguna vez en el motivo por el cual Dios tuvo hijos? Juan 5:26 nos dice que Dios tiene vida en sí mismo. Esto significa que no necesita a nadie ni a nada para experimentar la vida. Él es vida. Entonces, ¿por qué tuvo hijos? A lo largo de los años, he escuchado muchas respuestas a esa pregunta.

"Dios nos creó para que lo adorásemos".

"Dios nos creó para que le sirviéramos y obedeciéramos".

¿En serio? ¿Tienes hijos? ¿Por qué los tuviste? ¿Los tuviste para que te adoraran, te sirvieran y te obedecieran? Si es así, ¡sin dudas te habrás llevado una sorpresa desagradable! Tenemos hijos simplemente porque queremos amarlos y compartir nuestra vida con ellos. ¿De dónde crees que sacamos esa idea? La obtuvimos de Dios mismo porque fuimos hechos a su imagen.

Dios tuvo hijos para poder compartir su amor y su vida con nosotros. Cuando nos rebelamos contra Él, fue este mismo motivo, el querer compartir su amor y vida con nosotros, lo que le llevó a buscarnos, redimirnos y restaurarnos a sí mismo. Al darse a sí mismo *por* nosotros, pudo entregarse a nosotros para poder vivir *a través* de nosotros cuando caminamos por la fe. Jesús es el medio por el cual Dios se convierte en una experiencia real en nuestras vidas.

"Así como me envió el Padre viviente y yo vivo por [a partir de, a través de] el Padre, también el que me come vivirá por [a partir de, a través de] mí" (Juan 6:57). En el capítulo anterior, nos enfocamos en la primera mitad del versículo donde Jesús dijo que vivía "a partir del" Padre. Esto explica cómo Jesús pudo llevar una vida tan asombrosa. En la última mitad del versículo, nos dice que debemos vivir según este mismo método. En esencia, dice: "Quiero que vivas *a partir de* mí de la misma manera que yo viví *a partir del* Padre". No dice: "Quiero que intentes copiar mi comportamiento o imitar mis elecciones". Más bien, quiere que vivamos a través de Él, así como Dios Padre vivió a través de Jesús hace dos mil años.

La Vida de Cristo Se Recibe Una Vez

El vivir a partir del Padre como lo hizo Jesús es una forma radicalmente diferente de hacer las cosas. Es completamente contraria a la forma natural en que vive la humanidad. Para poder comenzar a comprender esta economía espiritual, quedémonos con Juan 6. "Yo soy el pan vivo que descendió del cielo; si alguien come de este pan, vivirá para siempre; y el pan que yo daré es mi carne, la cual yo daré por la vida del mundo" (Juan 6:51).

A primera vista, el vocabulario que usa Jesús suena horrible, casi canibalístico. ¿Realmente debemos comer de su carne? Antes de retroceder, exploremos un poco esta metáfora. ¿Qué nos ocurre si no comemos? Nos morimos. La comida física es esencial para nuestra vida corporal. De la misma manera, Jesús es el alimento espiritual que es esencial para nuestra vida espiritual. Jesús utiliza una metáfora difícil pero poderosa para decir que resulta esencial tenerle en nosotros para que podamos vivir según la intención de Dios.

Aquí se utiliza un verbo en aoristo que denota "una acción pasada culminada". Una boda es un gran ejemplo del tiempo verbal aoristo. El 11 de diciembre de 1982, me casé con mi esposa, Janet. Si usara el tiempo verbal aoristo para el verbo "*casé*", estaría diciendo que ese día nos casamos. Ocurrió. Ese día, ella se convirtió en mi esposa, y yo, en su esposo. No tengo que casarme con ella una y otra vez para estar casado. Nuestro matrimonio es un evento pasado y culminado.

Comparemos este concepto con lo que acabamos de leer. Recuerda, el Espíritu Santo eligió específicamente la palabra *fágo* (comer) en tiempo verbal aoristo. Dijo claramente que recibir a Jesús es un evento único. Quienquiera que elija comer del pan de vida (Jesús) vivirá para siempre. No tenemos que recibirlo una y otra vez para tener la vida eterna.

¿Qué dice esto sobre la seguridad eterna del creyente? Así es, nunca tendrás que preocuparte por perder tu salvación. No podríamos decirle vida eterna si pudiera perderse y, sin embargo, todavía me encuentro con muchos cristianos que creen que pueden perder su salvación.

¿Hay versículos difíciles que parecen decir que podemos perder nuestra salvación? Sí, los hay, pero un estudio diligente de esos versículos y de su contexto circundante deja en claro que no podemos perder nuestra salvación. Esta idea generalizada de que un creyente puede perder su salvación refleja un evangelio centrado en el ser humano y no un evangelio centrado en Jesús. Te lo explicaré. En primer lugar, no tenías los recursos para salvarte, ¿verdad? Todo lo que hiciste fue poner tu fe en Cristo y en su obra terminada. Él te salvó, ¿y sabes qué? ¡Él también te guarda! ¿Qué dice la Escritura?

Judas 1:24: "Y ahora, que toda la gloria sea para Dios, quien es poderoso para evitar que caigan, y para llevarlos sin mancha y con gran alegría a su gloriosa presencia" (NTV).

Juan 10:28: "Yo les doy vida eterna y no perecerán jamás, ni nadie las arrebatará de mi mano".

Amigo mío, Jesús ha asumido la responsabilidad de cuidarte, guardarte y presentarte ante Dios sin mancha. Pedro creyó en la palabra de Jesús. Escribió que tienes una herencia "reservada en los cielos" y guardada "por el poder de Dios" (1 Pedro 1:4-5). Vuelve a leerlo. Somos guardados por el poder de Dios. Así como Dios asumió la responsabilidad de salvarnos, también asumió la responsabilidad de *guardarnos*. Pablo se refiere a esta misma verdad gloriosa en Filipenses 1:6: "[...] el que comenzó en vosotros la buena obra la perfeccionará hasta el día de Jesucristo".

¿De verdad crees que tu capacidad de rebelarte contra Dios es mayor que su capacidad para retenerte? ¿Eres así de arrogante? Somos completamente inútiles a la hora de generar vida. Nuestra esperanza debe estar puesta de una vez por todas en el único que puede darnos vida: Jesús; el camino, la verdad y la vida. Como testifica 1 Juan 5:12: "El que tiene al Hijo tiene la vida [...]".

Experimentar La Vida de Cristo en Todo Tiempo

Hemos visto que Jesús nos anima a comer (ec, recibir) de Él. También hemos visto que, mediante un solo acto de fe, recibir a Cristo significa que Él te tiene para siempre. Luego, apenas tres versículos más adelante en Juan 6, Jesús dice: "El que come mi carne y bebe mi sangre tiene vida eterna, y yo lo resucitaré en el día final" (Juan 6:54). ¡Se repite a sí mismo! ¿O no? Analicemos el vocabulario más de cerca.

Nuevamente vemos que habla de comer, pero si le echas un vistazo a tu concordancia verás que el Espíritu Santo eligió un término griego diferente: *trógo*. *Trógo* significa "comer", pero tiene un significado muy diferente al de *fágo*. Literalmente significa "darse un festín", comer haciendo ruido o comer como loco. *Trógo* significa "comer estando hambriento". *Trógo* ocurre cuando te has saltado algunas comidas y te encuentras en un restaurante bufé. Jesús quiere que nos llenemos de Él, que nos atiborremos de Él.

El Espíritu Santo pasa de usar *fágo* a usar *trógo* para referirse al acto de comer. También cambia el tiempo verbal. En lugar de un tiempo aoristo (o pasado) como con *fágo*, Jesús usa el tiempo presente para *trógo*. Debemos deleitarnos en Él *continuamente*. Me encanta comer continuamente, ¿y a ti? Cuando unimos el versículo 51 con el versículo 54, vemos cuán increíblemente glorioso es lo que declara Jesús. Solo necesitamos recibirle *una vez* para ser salvos. Sin embargo, comer de Él continuamente es la clave para experimentar los beneficios de la vida que Él nos ha dado. Como un chef que ofrece sus servicios, Jesús quiere brindar un alimento espiritual que satisfaga siempre. Da todo de sí para todo lo que necesitamos.

Comer Como Gato vs. Comer Como Perro

Al llegar a la fe, la mayoría nos acercamos a Jesús así como un gato se acerca a su comida. Lo buscamos con cautela, deambulando y olfateando para ver lo que nos ofrecía. Luego lo probamos y nos resultó mejor de lo que podríamos haber imaginado. Sin embargo, ahora que lo hemos recibido, comemos como perros. No paramos de masticar un alimento de vida interminable de parte de Dios. Permíteme poner esto de otro modo: recibir a Jesús y vivir de Él es muy parecido a recibir una vía intravenosa. Una vía intravenosa se inserta en el brazo una vez y luego nos provee continuamente del medicamento que necesitamos a través de un goteo. Así es con Jesús: lo recibimos en nuestra vida una vez y Él nos brinda un flujo constante de su presencia dadora de vida por el resto de nuestras vidas.

La Vida de Cristo

En la última noche de su vida, Jesús reunió a sus discípulos. Sabía que iba a morir y quería compartir con ellos los asuntos más importantes que tenía en su corazón. No les habló de política, de deportes o del clima. Les habló de manera intensa a sus corazones: "[...] separados de mí nada podéis hacer" (Juan 15:5). De la misma manera en que Jesús no podía hacer nada como hombre sin el Padre, así sucede con nosotros. Sin Jesús, podríamos hacer muchas cosas, pero ninguna de ellas tendría valor eterno.

¡La vida cristiana se trata de Jesús, amigo mío! Siempre ha sido así y así será siempre. Jesús es el único que ha experimentado la vida cristiana porque Jesús es el único que *puede* vivir la vida cristiana. Prefiero llamarla "la vida de Cristo". Nunca la has vivido. Nunca la he vivido. Jesús vive su vida de Cristo a través de nosotros mientras caminamos en fe *en Él.*

La Biblia Apunta Hacia Jesús

Un domingo por la mañana, fui a las aulas de la escuela dominical de la iglesia que pastoreo y encontré un pequeño folleto. Lo hojeé y me preocupé profundamente por lo que vi. El titular decía: "La Biblia es nuestro sistema de soporte vital". Esto es lo que se les estaba enseñando a nuestros hijos en la escuela dominical. No se les estaba enseñando la verdad. La intención de la Biblia no es satisfacer el espíritu humano, sólo Jesús puede hacer eso. Lo diré de nuevo: la Biblia es apenas el menú; Jesús es la comida.

Jesús deja muy clara esta verdad. "Escudriñad las Escrituras, porque a vosotros os parece que en ellas tenéis la vida eterna, y ellas son las que dan testimonio de mí; y no queréis venir a mí para que tengáis vida" (Juan 5:39-40). Jesús es quien nos da vida, no la Biblia. Él controla el monopolio de la vida, ¿lo recuerdas? La Biblia nos dice cómo encontrar a Jesús para experimentar su vida, pero la Biblia en sí no es nuestro sistema de soporte vital. ¡Ese trabajo le pertenece a Jesús y sólo a Él!!

Huye de la Independencia y Aférrate a Jesús

El nuestro no es tanto un problema de pecado, sino un problema de independencia. El asunto no es que robemos, mintamos o cometamos adulterio (aunque sean problemas graves). El asunto es que vivimos de manera independiente de Dios. Sin Dios, somos como vasos vacíos que anhelan ser llenados. El pecado es sencillamente el resultado de ese vacío. El pecado consiste en satisfacer necesidades legítimas de forma ilegítima. La raíz de la enfermedad es la independencia. El hurto, la mentira y el adulterio son síntomas de esa enfermedad.

Cuando vivimos de manera independiente de Dios, experimentamos los síntomas de ese estilo de vida pues tratamos de encontrar vida en otras cosas en lugar de encontrarla en Jesús. Voy a recordarte algunas verdades liberadoras:

No fuimos creados para tener todas las respuestas correctas.

No fuimos creados para ser fuertes.

No fuimos creados para estar al mando.

Fuimos creados para depender de Él.

Él tiene todas las respuestas.

Él es nuestra fuerza.

Él está al mando.

Tanto el Antiguo como el Nuevo Testamento nos dicen que el justo vivirá por la fe (Habacuc 2:4, Romanos 1:17, Gálatas 3:11, Hebreos 10:38). La fe, sin embargo, nace de la necesidad. Para confiar en Jesús como nuestra fuente de vida, debemos admitir nuestra incapacidad y aferrarnos a la capacidad de Dios. El hacerle frente a nuestra necesidad se traduce en una libertad gloriosa.

Estaremos empoderados para ser honestos con nosotros mismos y con los demás.

Seremos capaces de admitir cuando fallamos.

Seremos libres de castigarnos a nosotros mismos por fallar.

Cada uno de nosotros se convertirá en algo bien escaso en este mundo: un ser humano honesto.

Todos luchamos con la inclinación de vivir como si fuéramos Dios, pero muy pocos lo admitimos. Si nos esforzamos por satisfacer nuestras necesidades a través de otras personas y del mundo que nos rodea, entonces tenemos que estar en control. De lo contrario, correremos el riesgo de no satisfacer nuestras necesidades. Y seamos honestos, a las personas no les gusta que las controlen y, naturalmente, evitarán a quienes intentan controlarlas. Si emprendemos este camino, nuestra existencia será muy solitaria. Una vez una señora se me acercó y me dijo que yo era un controlador. Le dije: "Sí, señora, a veces funciono de esa manera. Todos lo hacemos. ¡La única diferencia entre usted y yo es que yo lo admito y estoy trabajando en ello!".

Sólo Dios tiene los recursos para gobernar este universo. Nuestra responsabilidad consiste en dejar que Él sea Dios y, por consiguiente, confiar en Él. Esa confianza nos quita la presión, y esto es algo que estoy aprendiendo en mi propia vida. Observa que no dije que ya lo he aprendido, sino que estoy en el proceso de aprenderlo. Como resultado, me estoy volviendo paulatinamente menos controlador y más capaz de descansar en el conocimiento de que Dios tiene el control. En este proceso, realmente ayuda saber que Él es "bueno y bienhechor" (Salmo 119:68).

Uno de los versículos más poderosos del Nuevo Testamento es Romanos 11:36: "Porque de él, por él y para él son todas las cosas [...]". Jesús debe ser nuestra fuente, nuestro medio y nuestro destino. Las órdenes que recibimos como creyentes se encuentran en Colosenses 2:6: "[...] de la manera que habéis recibido al Señor Jesucristo, andad en él". Lo recibiste por gracia mediante la fe. Camina en Él de la misma manera.

Hijos de Dios

Recuerda las palabras de Jesús en Mateo 18:3: "[...] si no os volvéis y os hacéis como niños, no entraréis en el reino de los cielos". Solía pensar que este versículo era para los incrédulos, y que los llamaba a que pusieran su fe en Jesús, pero estaba equivocado. Aquí, Jesús les estaba hablando a los discípulos. Ya estaban en el reino por su fe en Cristo. Ellos, como creyentes, necesitaban "volverse como niños". ¿Qué significa eso?

La palabra griega que eligió el Espíritu Santo aquí es *stréfo* y significa "darse vuelta" o "cambiar de dirección". Los discípulos se estaban acercando a Dios como adultos. Si no se volvían y se hacían como niños, nunca experimentarían la provisión de su Padre. Mediante la fe, nos hemos convertido en hijos de Dios, pero debemos actuar como los niños que somos. ¿Cómo son los niños? Los niños son los individuos más necesitados y dependientes de este planeta; sin cuidado y provisión, no sobrevivirán. Los niños buscan constantemente que otros les den lo que necesitan.

¿Cómo son los adultos? Los adultos han aprendido a cuidarse a sí mismos. Un adulto es autosuficiente. ¿Ves el contraste? Un adulto funciona de manera completamente opuesta a la forma en que funciona un niño. Veamos las ramificaciones de este contraste, pues son significativas.

Si estamos en una relación adulta con Dios, no experimentamos todo lo que su vida nos puede ofrecer. Nuestros vasos están vacíos y vivimos en relaciones infantiles entre nosotros, buscando constantemente a los demás para satisfacer nuestras necesidades. ¿Alguna vez has visto una guardería llena de niños de dos años con una cantidad limitada de juguetes? Bienvenido al mundo en el que vivimos. Es una guardería gigantesca llena de niños, todos compitiendo por el control y gritando: "¡Es mío!". Pero cuando nos relacionamos con Dios como niños, experimentamos todo lo que nos trae su vida. Con nuestros vasos llenos, podremos comportarnos como adultos con otras personas. Jesús es el ejemplo perfecto de esta relación. Él fue el Hijo supremo en un reino de hijos y nos mostró cómo vivir, confiando en su Padre para todo. Cuando seguimos su método, también confiamos en nuestro Padre para todo.

Volver a la Infancia

Ser como niño no es tarea fácil. Es fácil para un niño ser niño, pero es difícil para un adulto ser niño. Se siente antinatural, ¡y lo es! Toda la vida se nos ha dicho que debemos crecer, pero Jesús deja en claro que, si queremos experimentar la vida en el reino de Dios, tenemos que "decrecer". Esto es exactamente lo que le sucedió a Abraham.

A Abraham se le prometió un hijo a través del cual vendría una gran nación. Abraham esperó durante años hasta que esa promesa finalmente se hizo realidad con el nacimiento de Isaac. Entonces, un día, Dios se le acercó a Abraham y le dijo que llevara a su hijo al monte y le clavara una daga (Génesis 22). Si lees este pasaje, verás que Abraham no discutió en absoluto. Además, no se registra ni un ápice de incomodidad, indecisión, ira o curiosidad. Abraham tomó a ese niño y se dirigió a la montaña. Esa fue la decisión de un hombre "decrecido". Abraham actuó como un niño que escuchó las instrucciones de su Padre y simplemente le respondió: "Sí, señor. Te escucho y haré lo que dices". Un adulto habría dicho: "Espera un minuto, Dios. Ese es el chico prometido. Uno no mata al niño prometido". Un adulto habría dicho: "Espera un minuto, Dios. Le dijiste a Noé que ya no habría que quitarle la vida a nadie". Le tomó 120 años, pero Abraham finalmente se había convertido en un niño para con su Dios y, al hacerlo, experimentó la promesa de Dios de un carnero que fue ofrecido como sustituto.

Dos Revelaciones Necesarias

Para ser como un niño, debes comenzar a entender tus recursos personales como desventajas. Debemos decirles que no para poder decirle que sí a un Padre que nos ofrece sus recursos. Para hacer esto, necesitamos dos revelaciones de Dios.

En primer lugar, necesitamos una revelación de nuestra propia necesidad o nunca veremos cuánto necesitamos ser dependientes. Yo crecí buscando convertirme en un hombre fuerte. Esta es, en realidad, una debilidad, pues me es muy fácil confiar en mi fuerza en lugar de en la fuerza de Dios. Por naturaleza, soy un tipo bastante inteligente.

Esto se convierte en una debilidad cuando confío en lo

que pienso en lugar de en lo que dice Dios. Necesitamos una revelación de nuestra propia incapacidad.

En segundo lugar, necesitamos una revelación de Dios. Necesitamos entender cuán fuerte, bueno y amable es o nunca llegaremos a confiar verdaderamente en Él. Necesitamos una revelación del asombroso amor de Dios y de sus increíbles capacidades.

Vemos un gran ejemplo de estas revelaciones en la parábola del hijo pródigo. Estaba viviendo en una tierra extranjera con un montón de cerdos. Era una experiencia triste y vacía, pero allí permaneció hasta que se dio cuenta del vacío y de la degradación en la que vivía. Esa fue la revelación número uno. Entonces recordó a su padre; recordó cuán bueno, amable y misericordioso era. Esa fue la revelación número dos. Solo entonces, con esas dos revelaciones en la mano, se dirigió a casa. Cuando llegó a casa, su padre lo recibió con mucha más bondad, amabilidad y misericordia de lo que el hijo pródigo podría haberse imaginado.

Necesitamos las mismas revelaciones que recibió el hijo pródigo. Vete a casa y habla con tu Padre. Pídele que te quite la fachada de tu autopercepción. Pídele que te muestre el verdadero estado en el que vives, incluso si no es bonito. Luego pídele que te revele su gloria, que te muestre cómo es Él realmente. Pídele que te revele la maravilla de su gracia. Te prometo que, cuando veas lo bueno que es, querrás correr hacia Él y lanzarte a sus brazos como lo hace un niño cuando su papá llega a casa.

Yo también tuve que recibir estas revelaciones. Tuve que entender lo necesitado que estaba realmente. Necesitaba entender cuán bueno es Dios en realidad y cuánto anhela mostrarme su plenitud en todo lo que necesito. En mi propia travesía de fe, mis hijos fueron los que me enseñaron esta lección.

Ven a Saltar

Hace años, estábamos de vacaciones, pasando el rato en una piscina. Mi pequeño, que tenía tres o cuatro años en ese momento, estaba saltando desde el borde de la piscina para que yo lo atrapara. Siempre ha afrontado la vida con ganas. Gritaba con alegría: "Retrocede, papá" y luego saltaba al aire con todas sus fuerzas. Se reía con júbilo mientras volaba por el aire y experimentaba la euforia de ser atrapado por brazos fuertes, los brazos de su padre.

Mi hija, sin embargo, estaba parada ahí cerca, sin hacer más que mirarnos.

Le grité: "Vamos, cariño. Ven a saltar". "No", dijo con firmeza.

"Vamos, nena. Ven a saltar. ¡Es divertido!".

"No, papi". Y se alejó y se sentó en un banco.

¿Qué estaba pasando por la mente de esa niña? ¿Qué le impedía saltar y divertirse? Estaba asustada. Sí, tenía miedo, pero el miedo es una emoción secundaria, el temor no se adquiere de la nada. Siempre hay una causa o un fundamento para temer. ¿Qué estaba causando el miedo de mi hija? Ella no confiaba en mí. No creía que yo tuviera la capacidad de atraparla o no creía que yo tuviera el carácter para atraparla. Entonces, se sentó en el banco, perdiéndose de toda la diversión.

Mi hijo confiaba en mí y, en consecuencia, no se iba a quedar sentado en absoluto. Saltaba y volaba por el aire y se reía mientras experimentaba la vida con su padre. Esta demostró ser una lección muy poderosa para mi pequeña. Se quedó mirando a su hermano fijamente, viendo la euforia que estaba experimentando y quiso divertirse también. Todavía con miedo, se levantó del banco un tanto indecisa y caminó hacia el borde de la piscina.

Le pregunté si necesitaba algo.

Para mi alivio, me preguntó: "Papá, ¿me atraparás?".

"Por supuesto que te atraparé". Extendí mis brazos y la animé a saltar.

Me dijo: "Ven más cerca".

Me acerqué más, a lo que ella me dijo: "Más cerca".

Me volví a acercar. Sabía que todavía sentía miedo, pero estaba manifestando su fe en mi capacidad y en mi carácter. Me acerqué tanto a ella que casi ni tuvo que saltar. Como su padre, fui hasta donde ella se encontraba.

¡Y luego saltó! ¿Qué hice yo? ¿Me aparté del camino y la

dejé caer a la piscina? No. La agarré y la envolví en el abrazo de oso más grande y fuerte que pude.

Al poco tiempo, ella estaba gritando: "¡Retrocede, papá!", experimentando la emoción de volar por el aire y disfrutando la alegría de ser atrapada por brazos fuertes. Esta es una ilustración de la vida con nuestro Padre a medida que aprendemos a confiar en Él. A medida que damos pequeños pasos de fe, Él saldrá a nuestro encuentro y nos atrapará en cada oportunidad.

Atraer a Otros a Jesús

El mundo no creyente nos está mirando. ¿Ven gozo, paz, vida abundante, descanso y libertad en nuestras vidas? ¿O ven vacío, desánimo, dificultades, luchas e infelicidad? Es hora de que el mundo no solo escuche las palabras de las buenas nuevas que proclamamos, es hora de que vea las buenas nuevas en nuestras vidas. Es hora de que nosotros, como creyentes, saltemos del borde, volemos por el aire y experimentemos la vida como nunca la hemos experimentado antes. ¡Es hora de que experimentemos el regocijo de nuestro Padre celestial al atraparnos, al reír con nosotros y al expresar cuánto se complace en nosotros y cuán orgulloso está de nosotros!

Creo con todo mi corazón que cuando otros nos vean experimentando la vida abundante que Jesús prometió, querrán lo que tenemos. Dejarán de confiar en sí mismos y en sus propios intereses, y confiarán en esta increíble Persona llamada Jesús que les ofrece la experiencia y la manifestación de su propia vida.

Pero no podremos mostrarles esa vida a menos que vivamos como niños con nuestro Padre. En últimas, no podemos dar de lo que no tenemos, ¿verdad? A menos que experimentemos activamente las promesas de Jesús, ¿cómo podremos vivirlas para que otros las observen?

Te desafío a que te atrevas a creer lo que el Padre nos ha enseñado en su Palabra.

Te desafío a recibir el don de la justicia que Él te ha dado y a creer que eres la justicia de Dios en Cristo.

Te desafío a creer en lo que Él ha dicho y a declarar, como Él lo ha declarado, que eres libre de la ley.

¡Ahora estás casado con la Persona que es la gracia! Estás casado con aquel que resucitó de entre los muertos. Tienes algo mucho mejor que la ley. Tienes a la Persona de justicia, al Espíritu Santo viviendo su vida a través de ti. Él te da el poder para vivir de una manera tan radical y sobrenatural que, como dice Romanos 8:4, la vida del Espíritu Santo cumplirá la justicia de la ley en ti.

¿Escuchaste eso? Pablo lo dice explícitamente; cumplimos la justicia de la ley, no al seguir la ley, ¡sino al confiar en el Espíritu Santo! Suena demasiado bueno para ser verdad, ¿no? Pero es verdad porque Dios lo dijo. ¿Te atreverás a aceptar lo que Él dice? Si lo haces, la vida abundante que Cristo te prometió te estará esperando. Es tu herencia como hijo de Dios.

- DIECIOCHO -

Impártete Algo de Gracia

Alguna vez has visto a un pequeñito que aprende a caminar? Se tambalea más de lo que camina. Con cautela, pero con tenacidad, pone un pie tembloroso delante del otro mientras avanza de a poco por el piso. Es una aventura completamente nueva para él, y pasará algún tiempo antes de que pueda caminar con confianza y seguridad. Durante el proceso de aprendizaje, se va a caer, ¡y mucho!

Cuando mis hijos estaban aprendiendo a caminar, descubrí que mientras mantenían sus ojos en mí, podían mantener el equilibrio. Pero apenas miraban hacia otro lado, ¡se caían! ¿Corría hacia ellos y los reprendía por no hacerlo mejor? ¡Para nada! No había motivo alguno para que yo me molestara. Estaban aprendiendo, y yo sabía que se iban a caer. Como su padre, no me preocupaba su fracaso; me enfocaba en su progreso. Corría hacia ellos, los recogía y les decía: "¡Vaya! ¡Hiciste cuatro pasos esta vez! ¡Estoy tan orgulloso de ti! Intentémoslo de nuevo". Sabía que estaban aprendiendo a caminar y a mantener sus ojos en mí.

Como hijos de Dios, nacidos de nuevo en su reino por la fe, todos somos como niños pequeños. A través de nuestra fe en Cristo, nos adentramos en una vida completamente nueva. Habiendo sido puestos en unión con el Espíritu Santo (1 Corintios 6:17), ahora vivimos de Él, lo cual es como aprender a caminar de nuevo. Es probable que nos caigamos muy a menudo. Santiago 3:2 nos confirma esta realidad, recordándonos que "todos tropezamos de muchas maneras" (LBLA). Estamos aprendiendo un estilo de vida completamente nuevo, una nueva forma de vivir.

Imagínate una pradera nueva, virgen, con hierba alta que se mece en el viento. ¿Qué pasaría si yo cruzara por esa pradera por la mañana y tú pasaras por allí más tarde ese mismo día? Sabrías que alguien había cruzado por la pradera porque la hierba estaría aplastada. Si yo caminara por ese mismo lugar de la pradera por la mañana y por la noche durante un año, habría un camino. Y si recorriera ese mismo camino cincuenta veces al día durante veinte años, habría un surco.

Nuestros hábitos han tallado los surcos por los que caminamos. Para que tú y yo interioricemos nuestra nueva posición en Cristo y caminemos en la gracia, debemos dar pasos nuevos en una pradera nueva.

Estaremos marcando un nuevo camino en lugar de

caminar por sendas antiguas, y es probable que nos sintamos incómodos al hacerlo. Puede que nos tome mucho tiempo marcar nuevos caminos para vivir por fe pues hemos aprendido a vivir confiando en nuestros propios recursos en lugar de confiar en los de Dios. En este nuevo recorrido, es probable que nos caigamos mientras aprendemos a caminar.

Podremos sentirnos decepcionados y frustrados por nuestra falta de progreso, pero toma tiempo.

Mientras crecíamos en Adán, creímos muchas mentiras. Necesitaremos años para renovar nuestras mentes con la verdad. Nuestras prácticas habituales están tan arraigadas en nuestras vidas que parecen segunda naturaleza.

En nuestra travesía de fe, debemos recordar que no estamos solos en este proceso. ¡Tenemos un Padre que nos alienta! Está delante de nosotros y nos llama constantemente hacia Él. Siempre está ahí para levantarnos cuando nos caemos y se enorgullece de nuestro progreso. Pablo nos anima a todos con este recordatorio del compromiso de nuestro Padre hacia nosotros: "Estando persuadido de esto, que el que comenzó en vosotros la buena obra la perfeccionará hasta el día de Jesucristo" (Filipenses 1:6).

Permanecemos en Cristo

El Padre no solo te ama, ¡le *agradas*! Te creó para sí mismo y te adoptó como su hijo/a. Te trata con gran honor, valor y dignidad. Te discipula con su Palabra y su Espíritu para que vivas según tu verdadera identidad en Él.

Me gustaría que te pusieras de pie mientras lees estas palabras para finalizar. *En serio*, por favor, ponte de pie y reflexiona conmigo sobre esta gloriosa realidad revelada en el Nuevo Testamento.

En el Antiguo Testamento, cada vez que Dios le manifestaba su presencia a un hombre o a una mujer, esa persona instantáneamente caía boca abajo, proclamando a menudo que era inmunda. Se inclinaba bien abajo para transmitir la bajeza que sentía. En la presencia de Dios, esa persona era profundamente consciente de su pecado. A través de la Persona y de la obra de Jesús a favor nuestro, esa respuesta ha cambiado. El Nuevo Testamento anuncia una respuesta muy diferente para nosotros como creyentes. Debido a la obra terminada de Cristo a nuestro favor, ¡ahora nos presentamos sin mancha ante la presencia de Dios!

"A aquel que es poderoso para guardaros sin caída y *presentaros* sin mancha *delante de su gloria* con gran alegría, al único y sabio Dios, nuestro Salvador, sea gloria y majestad, imperio y poder, ahora y por todos los siglos. Amén" (Judas 1:24-25; énfasis mío).

Dios nos ha hecho nuevos en Cristo, a tal punto que, si Él nos manifestara su presencia ahora mismo, ¡podríamos permanecer de pie, sin mancha en su presencia! Estaríamos de pie en humildad por la obra terminada de Jesús.

También permaneceríamos desafiantes contra el acusador y las calumnias que lanza contra nosotros. Incluso aunque hayamos hecho las cosas de las que nos acusa, el Señor Jesús las ha quitado y nos ha hecho justos en Él. 2 Corintios 5:21 lo dice claramente: "El que no conoció pecado se hizo pecado por nosotros, para que nosotros lleguemos a ser la justicia de Dios en él" (parafraseado).

Buenas Noticias

Romanos 5:17 contiene las maravillosas y buenas noticias de lo que Dios ha hecho por nosotros. Piensa en esa frase por un momento. ¡Buenas noticias! Recuerda, las noticias no nos dicen qué hacer. Las noticias hablan de algo que ya sucedió. ¡Y hoy, los titulares de las noticias son realmente importantes!

¡Hemos sido sacados de Adán y puestos en Cristo!

¡Se nos ha dado una nueva identidad y hemos sido hechos justos en Cristo!

¡Hemos sido liberados de la ley y vivimos bajo la gracia!

¡A través de nuestra unión con Él, podemos reinar en la vida ahora mismo!

Estoy tan agradecido por el plan del Padre para nuestras vidas, el cual este versículo captura a la perfección. Si estás listo para recibir estas buenas noticias ahora, oremos juntos.

¡Oh, Padre, estamos abrumados por tu amor y tu gracia

por nosotros! Nos *asombra que seas tan misericordioso y tan bondadoso como para negarte a renunciar a nosotros, aun cuando huimos de ti tan rápido y lejos como pudimos.* Nos *maravilla que nos hayas atraído a través de la creación, la cual nos llama a reconocer tu grandeza.* Estamos *agradecidos por tu* Palabra *escrita, la carta de amor que nos escribiste.* Nos *abruma que te hubieras humillado para habitar entre tu creación como si hubieses sido uno más de esta.* Nos *mostraste cómo eres realmente en la* Persona *de* Jesús.

En Jesús, *vemos tu compasión, tu bondad, tu misericordia y también tu santidad y justicia.* Te *damos gracias por tu* Espíritu Santo, *que abre nuestros ojos para ver todas las formas en las que has buscado alcanzarnos.* Ahora *nos acercamos a ti con fe, creyendo que nos has restaurado al verdadero propósito para el que fuimos creados: ser tu morada, tu hogar.* En Cristo, *somos tus hijos.* Experimentamos *tu vida en nuestras vidas.* Se *nos ha dado el privilegio de manifestarles tu vida a los demás para que ellos, a su vez, puedan ver cómo eres.* Ellos *también pueden correr hacia ti y encontrar en ti todo lo que sus corazones han anhelado.* ¡Te *amamos y te agradecemos mucho por habernos amado primero!*

Con *un corazón agradecido, oramos y te glorificamos en el nombre de* Jesús. ¡Amén!

- EPÍLOGO -

Una Parábola de Esclavitud y Libertad

Cuenta la historia que había un sabio hindú que viajaba de pueblo en pueblo enseñando su mensaje de amor y compasión. Mientras iba caminando, se encontró con un comerciante que tenía una docena de codornices con bandas alrededor del cuello y una cuerda que las mantenía cautivas, la cual se unía a una estaca central clavada en el suelo. El comerciante había entrenado a estas codornices para que marcharan en círculo alrededor de la estaca. El corazón del sabio se llenó de compasión. Estas aves estaban destinadas a volar, no a morar en la monotonía de la tierra reseca.

Con gran dolor en su corazón, el sabio se acercó al comerciante y le preguntó el precio de las codornices. Tenía la intención de comprarlas todas. Cuando el comerciante escuchó lo que quería el sabio, sonrió con ironía y le dio un precio enorme. Después de todo, le había tomado años de arduo trabajo entrenar a esas codornices para que actuaran en contra de su naturaleza.

Sin dudarlo, el sabio pagó el precio completo.

El comerciante gritó de alegría hasta que escuchó que el sabio le exigía cortar los hilos. "No puedo hacer eso —dijo el comerciante—. ¿Sabes cuánto tiempo me tomó entrenarlas?".

El sabio respondió con firmeza: "Ya no son tuyas. Las compré". Al no estar dispuesto a devolver la gran suma de dinero, el comerciante cortó los hilos de mala gana. ¡Las codornices eran libres! ¿Qué hicieron? Continuaron marchando obedientemente alrededor de la estaca como si aún estuvieran esclavizadas.

Esta me parece una gran ilustración de la Iglesia en general. Nuestro Señor Jesús pagó el precio de la redención en su totalidad. Por fe, somos libres en Él. Sin embargo, todavía caminamos de manera obediente y monótona como si siguiéramos bajo el yugo de la ley.

El sabio, impertérrito ante el comportamiento de las codornices, intervino con un movimiento de sus brazos y las ahuyentó. Las codornices alzaron vuelo instantáneamente, volaron unos noventa metros, aterrizaron en el camino polvoriento y, una vez más, comenzaron a caminar en círculos.

Esta parte de la parábola me habla del ciclo de vida del nuevo creyente. Ha experimentado el trabajo pesado y la esclavitud de la vida como pecador. Luego pone su fe en Cristo, quien lo libera, ¡y vuela! ¡Se eleva! Conoce a Jesús, y con Jesús basta. Sin embargo, pronto se involucra con el rebaño de la Iglesia. El rebaño le recuerda los Diez Mandamientos, a los cuales le suma sus propias reglas, normas y leyes de la vida en la iglesia. Una vez más, el nuevo creyente debe "hacer" para ser realmente aceptable ante Dios. Una vez más, cae al suelo de la esclavitud. Esta vida de trabajo tedioso no es causada por el pecado, sino por la religión. Agobiado, cansado y agotado, ya no vive en libertad.

Volvamos una vez más a la parábola de las codornices. ¿Y si una de las codornices comprendiera de repente su verdadera identidad como una codorniz destinada a volar? ¿Y si esa codorniz entendiera que se ha eliminado la ley de la cuerda? Esa codorniz volaría según su diseño original.

Al verla volar libremente, pensarías que las demás seguirían su ejemplo y se echarían a volar, y algunas podrían atreverse a hacerlo. Desafortunadamente, muchas simplemente gritarían: "¿Quién se cree este? Debería volver aquí con el resto de nosotras".

Querido, no permitas que la falta de comprensión de los demás te impida experimentar lo que sabes es verdad. Acepta por la fe la obra completa de redención que Jesús logró por ti. Se te ha dado una nueva identidad, ya no eres un pecador, sino un santo de Dios, un hijo o una hija de Dios, un príncipe o una princesa del reino del Rey de reyes. Has sido liberado de la ley y de la esclavitud de la religión, y ahora te encuentras bajo la gracia con la oportunidad y el privilegio de vivir una nueva vida radical confiando en el Espíritu

Santo. Vive en la libertad, que es tu derecho de nacimiento en Cristo, para que otros vean a Cristo en ti, nuestra esperanza de gloria. Como dice el viejo refrán: "Predica a Cristo siempre y, cuando sea necesario, usa palabras".

¡Deja que otros vean tu libertad en Cristo! El Espíritu Santo podrá usarte como una herramienta en sus manos para ayudar a otros a escapar de la esclavitud en la que se encuentran y entrar en la vida y la libertad que hay en nuestro Señor Jesucristo. Deja que la gloria de lo que Dios ha hecho por nosotros, para nosotros y por medio de nosotros te maraville. La gracia realmente es más que increíble.

Eres amado,
Pastor Frank

"Estad, pues, firmes en la libertad con que Cristo nos hizo libres y no estéis otra vez sujetos al yugo de esclavitud" (Gálatas 5:1).

www.ingramcontent.com/pod-product-compliance
Lightning Source LLC
LaVergne TN
LVHW010054110826
845155LV00028B/329

* 9 7 8 1 9 5 4 8 6 9 0 0 4 *